한국 의학의 빛이 된 최초의 여의사

박에스더

이화 역사의 뿌리를 찾아서 4

한국 의학의 빛이 된 최초의 여의사

박에스더

이방원 지음

이화여자대학교출판문화원

책머리에

한국 사회에 서양의학이 본격적으로 도입된 것은 개항 이후 미국과 수교를 맺게 되면서부터이다. 초대 주한미국공사 루셔스 푸트Lucius H. Foote(1826~1913)가 1883년 4월 한국에 입국한 후 1884년 9월 미국 공사관 소속 의사 자격으로 호러스 알렌Horace N. Allen(1858~1932)이 들어왔다. 이를 필두로, 1885년부터 장로교와 감리교 등 다양한 기독교 종파의 선교사들이 한국에 들어오기 시작했다. 그들은 한국 내에서 선교 활동을 하지 않으면서 근대화에 필요한 교육과 의료 사업만을 수행한다는 조건하에 한국에서의 활동을 시작할 수 있었다. 미국에서 온 장로교 및 감리교 선교사들은 현재의 서울 중구 정동에 자리 잡고 있었던 미국 공사관과 인접한 지역에 정착하여 교육과 의료 사업을 시작했다. 이는 이후의 선교 활동을 위한 초석을 세우는 중요한 작업이었다.

이들 서양 선교사의 활동은 당시 한국 사회에 커다란 변화를 가져왔다. 선교사들은 그들과 접촉했던 한국인들에게 새로운 사상과 가치관을 심어주었으며, 이를 흡수한 한국인들의 삶은 크게 변화하였다. 또한 새로운 사상과 지식을 갖추게 된 한국인들은 한국을 근대화시키는 데 핵심적인 역할을 담당했다.

'박에스더' 또한 그러한 대표적 인물들 중 한 명으로, 한국 근대 의료를 논의함에 있어 '한국 최초의 여의사'로 거론되는 인물이다. 박에스더는 미국 북감리교 여선교사 스크랜튼 대부인 Mary F. Scranton(1832~1909)이 설립한 '이화학당'에서 신교육을 받았고, 이화학당 울타리 안에 설립됐던 여성병원인 '보구여관'에서 여성 의료 선교사 로제타 셔우드Rosetta Sherwood(1865~1951)를 보조하면서 의료계에 발을 들여놓았으며, 신앙 안에서 성장하면서 근대 의료계에 괄목할 만한 발자취를 남겼다.

박에스더의 이름과 호칭은 김점동, 김에스더, 박에스더, 닥터 박 등으로 변했다.* 이는 박에스더의 삶을 조망하고, 당시의

---

* 본문에서 박에스더의 호칭은 성장 시기마다 불렸던 이름을 사용할 것이며 이에 대한 설명은 본문에 포함시킬 것이다.

한국 사회를 여성 그리고 기독교를 통한 서구 문화 유입이라는 관점에서 살펴볼 수 있게 하는 흥미로운 기준이 된다. 김홍택의 3녀로 태어나 부모가 붙여준 이름 김점동, 이화학당에서 교육을 받고 신앙을 키워 1891년 1월 세례를 통해 스스로 선택한 이름 김에스더, 1893년 5월 박여선과 결혼하고 유학하며 남편의 성을 따르는 과정에서 불리기 시작한 이름 박에스더, 1900년 볼티모어 여자의과대학을 졸업하며 얻은 호칭 닥터 박. 33년의 짧은 인생을 살다간 그녀에게는 이렇게 4개의 이름과 호칭이 있었으며, 각각의 새로운 이름은 그녀 인생의 터닝포인트가 된 사건들과 밀접한 관계를 가졌다.

박에스더는 한말 격동기에 태어나 의료 선교사로서 활동하다가 33년의 짧은 생을 마쳤지만, 한국 여성 의학의 문을 열었으며 참된 의술을 실천함으로써 한국 의료사, 여성사, 기독교사에 큰 획을 그은 것으로 평가받는다. 박에스더가 이화학당에 입학한 것은 부모의 결정이었으며, 보구여관에서 의료 조수로서의 역할을 시작한 것은 당시 이화학당 및 보구여관의 상황에 따른 스크랜튼 대부인 등 선교사들의 결정이었다. 또한 박여선과의 결혼은 당시 한국 사회에서 대부분의 여성이 16세 전후에 결혼을 하는 관습에 의해 자신의 의지와는 무관하게 결정된 사안이었다. 이 모든 것의 시작은 박에스더의 결정이 아닌 당시 가정, 학교, 사회의 상황과 그 결정에 의한 것이었다.

그러나 박에스더는 자신이 속한 공간과 당시의 관습 안에서 자신이 할 수 있는 최선의 선택을 했다. 보구여관에서의 경험을 통해 의사가 되기로 결정한 것, 결혼 후 로제타 홀 부부를 따라 평양에서의 의료 선교 활동에 참여한 것, 로제타를 따라 미국 유학의 길에 오른 것, 미국에서의 의료 교육을 어려운 교육과정과 남편의 죽음 앞에서도 끝까지 포기하지 않고 완수한 것, 볼티모어 여자의과대학 졸업 후 미국이라는 선진 사회에 나아가 자신이 배운 교육을 좋은 조건에서 펼칠 수 있는 기회가 있었음에도 그것을 마다하고 한국의 여성 의료와 선교에 헌신하기 위해 힘든 여정을 선택한 것, 서울의 보구여관과 평양의 광혜여원에서 자신의 능력을 최대한 발휘하며 여성 의료와 교육, 신앙 등에 헌신한 것은 모두 박에스더의 선택이었다.

박에스더의 활동은 이미 당시에도 사회적으로 인정받았으며, 1910년 그녀의 죽음은 단지 친인척의 개인적인 슬픔 정도로 끝난 것이 아니라 한국 의료계에 커다란 안타까움과 상실감을 주었다. 박에스더의 삶은 한국 최초의 여의사, 최초의 여성 미국 유학생과 같은 화려한 수식어가 붙은 한 개인의 성공담으로 치부될 만한 것이 아니다. 박에스더는 한말 한 여성이 자신의 제한된 환경을 극복하고 전문인으로 거듭나는 모습을 보여줌으로써, 많은 한국의 젊은 여성에게 영향을 끼쳐 그들이 스스로의 삶을 개척하며 나아가게 하는 모델이 됐다. 박에스더의 삶을 직간접으로 경험한 여러 여성들이 그녀의 뒤를 따라 의료계, 교육계, 선교계 등 다양한 영역에서 헌신하며 근대 여성의 삶의 질 자체를 변화시키는 중요한 역할을 했다.

현재 여성들이 당연하게 누리는 것, 즉 자신의 삶을 자신이 결정하고, 자신이 속한 사회에서 자신의 역량을 펼치고, 영향력을 발휘하는 것은 박에스더와 그녀의 뒤를 따라 헌신한 여성 선각자 및 실천가들이 있었기에 가능한 것이다. 이제 현재를 사는 여성들은 우리의 뒤를 따라올 후배들을 위해 어떤 삶의 모습을 보여줄 것인가 고민하기를 기대한다.

차 례

부록

김점동의 출생과 가정환경

김점동의 아버지 김홍택은 미국 북감리교 선교사 아펜젤러에게 고용된 인연으로 기독교를 받아들이게 되고, '부부의 사랑, 부자의 사랑, 형제의 사랑'이라는 가훈 속에서 자녀를 양육했다. 셋째 딸 김점동의 신교육은 둘째 딸 신마리아와 넷째 딸 김배세로까지 이어졌으며, 모두 기독교 신앙에 기반한 교육자, 의사, 간호사로 성장하여 한국 여성 근대화에 일익을 담당하게 됐다.

한국 최초의 여의사 박에스더(1877~1910)

박에스더는 1877년* 3월 16일 서울에 사는 광산김씨 김홍택과 연안이씨의 4녀 중 셋째 딸로 출생했고 이름은 점동이었다. 1885년 6월 한국에 도착한 미국 북감리교 선교사 윌리엄 스크랜튼William B. Scranton(1856~1922) 가족과 헨리 아펜젤러Henry G. Appenzeller (1958~1902) 가족이 김홍택의 집 근처에 거주지를 마련하고 선교 사업을 시작하면서 한국인의 도움을 필요로 했다. 당시 양반이었으나 가세가 빈한했던 김점동의 아버지 김홍택은 경제적인 도움을 받고자 아펜젤러에게 고용됐다.

당시 감리교 선교사로는 스크랜튼 의사가 1885년 5월에 한국에 도착하여 제중원에서 호러스 알렌Horace N. Allen을 도와 의료 활동을 하고 있었고, 6월 말에 스크랜튼의 어머니인 스크랜튼 대부인Mary F. Scranton과 그의 부인, 그리고 아펜젤러 부부가

* 기존의 박에스더 관련 서술에서는 태어난 해가 다르게 쓰인 경우가 많다. 1876년(Rosetta S. Hall, 『The Life of Rev. William James Hall, M. D.』, New York: Eaton & Mains, 1897 등), 1877년(『The Korea Mission Field』(이하 『KMF』), Vol. 7, No. 5, 1911; 정충량, 『이화 80년사』, 이화여자대학교출판부, 1967 등), 1879년(고춘섭, 『하늘과 땅 사이에서: 순원 신의경 권사 전기』, 서울: 금영문화사, 2001 등)으로 다양하다. 필자는 박에스더의 미국 생활 중 작성된 1900년 6월 12일 메릴랜드 볼티모어 호구조사서에 태어난 해가 1877년이라고 기록되어 있어, 1877년이 정확한 것으로 보고 이를 따른다.

입국하여 이웃하는 집에서 살게 됐다. 미국 북장로교 의료 선교사 존 헤론John W. Heron(1856~1890)이 6월에 입국하여 알렌이 주관하고 있던 제중원의 의사로 임명되자, 스크랜튼은 제중원에서 나와 6월에 자신의 집에서 병원을 열고 일반인을 치료하기 시작했다.* 아펜젤러는 1885년 9월경부터 자신의 집에서 2명의 학생에게 영어를 가르치기 시작했는데, 이것이 배재학당의 태동이었다. 스크랜튼 대부인은 1885년 10월 서대문 성벽 바로 안쪽 언덕에 약 6,120평의 넓은 부지를 구입하고, 1886년 2월부터 그 땅에 여성 교육 사업을 위한 공간을 마련하기 위해 선교사 사옥과 학교, 기숙사 등으로 활용할 200여 칸이 되는 기와집을 짓기 시작했다. 이렇게 서로 이웃한 곳에서 감리교 선교사들에 의해 의료 기관, 남성 교육 기관과 여성 교육 기관이 생겨나게 됐다.

한편 길 건너에 자리를 잡은 장로교 선교사 호러스 언더우드Horace G. Underwood(1859~1916)와 애니 앨러스Annie Ellers(1860~1938)는 1886년과 1887년 각각 경신학교와 정동여학교를 설립했다. 바야흐로 1880년대 후반 정동은 미국 공사관을 중심

* 스크랜튼은 이후 현재의 정동제일교회 문화재예배당 위치에 병원을 열었다. 이 병원은 가난한 일반 백성을 무료 또는 염가로 치료해주었기에, 고종은 '시병원'이라는 이름을 하사했다.

으로 감리교와 장로교 선교사들에 의해 신교육과 서구 의료가 행해지는 특화된 공간이 되기 시작했다.

김홍택은 아펜젤러의 집에 일을 하러 다니면서 선교사들의 활동을 보게 됐고, 그들이 적이도 선한 일을 하기 위해 왔다는 것을 인지하게 됐다. 자연스럽게 여성해외선교회Woman's Foreign Missionary Society에서 파견된 스크랜튼 대부인이 여학교를 설립하는 것과, 그 학교에 들어온 학생들의 생활 모습도 지켜보았을 것이다. 당시 스크랜튼 대부인의 여학교는 의식주를 해결해주면서도 교육비를 받지 않고 있었다.

1886년 정동이 선교사들에 의해 새롭게 서구 문물이 도입되는 공간으로 변해가는 상황에서 김홍택은 넷째 딸을 낳게 됐다. 경제적으로 어려웠던 김홍택은 가난한 살림에 한 식구라도 덜고자, 새로운 사상을 접할 수 있고 음식과 옷이 제공되는 스크랜튼 대부인의 여학교에 셋째 딸 점동이를 데리고 갔다. 김홍택이 그녀를 선택한 것은 첫째 딸은 시집을 갔고, 둘째 딸은 당시 14세로 결혼 적령기에 들어섰기 때문에 학교에 보낼 수 없었으며, 넷째 딸은 태어난 지 얼마 안 된 갓난아기였기 때문으로, 김홍택으로서는 상식적인 결정이었다.

김홍택은 아펜젤러와의 인연으로 기독교를 받아들이게 되고, '부부의 사랑, 부자의 사랑, 형제의 사랑'이라는 가훈 속에서 자녀를 양육했다.* 셋째 딸 김점동의 신교육은 김홍택의 둘째 딸 신마리아와 넷째 딸 김배세로까지 이어졌으며, 모두 기독교 신앙에 기반한 교육자, 의사, 간호사로 성장하여 한국 여성 근대화에 일익을 담당하게 됐다. 김점동, 즉 박에스더의 자매를 소개하면 다음과 같다. 김점동의 큰언니에 대한 정보는 김점동이 이화학당에 입학하기 이전에 강원도 농촌으로 시집을 갔다는 기록이 전부이다.

작은언니인 신마리아(1873~1921)는 1873년 10월 1일 태어났다. 신마리아는 당시 여느 소녀와 마찬가지로 특별한 교육을 받지 않은 채 성장해, 1890년 18세의 나이로 1863년 태어난 본관이 영월인 신정우와 결혼했다. 신정우는 유생으로서 학식은 있으나 벼슬을 하지 않은 전형적인 선비였으며, 성품이 인후하고 선량했다. 그래서 형편이 넉넉하지 못했음에도 집 안에 드나드는 사람이 많아 항상 북적댔다. 그는 가문에 기독교를 받아들여 항상 중국 성경을 읽는 것으로 여생을 살았다.

김마리아는 남편의 성씨를 따라 신마리아라고 불리기 시작했으며, 이듬해 맏아들 신경의를 낳은 뒤 1893년 주부의 몸으로 장로교 여학교인 정동여학교에 입학했다. 신마리아는 당시 학

* 고춘섭, 앞의 책, p. 56.

신마리아

당장인 수전 도티Susan A. Doty(1861~1931)에게 성경을 배웠으며, 1896년부터 보모로 일했다. 보모는 어머니이자 양육자로서, 한국적인 풍습과 전통을 존중하는 연동여학교(1895년 정동여학교에서 개명)의 교육 방침에 따라 예절에서 의복에 이르기까지 학생들을 돌보았는데 그 역할이 막중했다. 1897년부터는 3년간 제중원의 부속 의학부에 나아가 공부를 했는데 생리학, 화학, 산학, 지리, 역사와 천문학까지 배웠다. 당시 교사는 올리브 에비슨Olive R. Avision(1860~1956) 의사와 언더우드 목사 등으로 서툰 한국말과 영어를 섞어 강의했으나, 신마리아는 성실히 공부하여 지식을 습득해나갔다. 신마리아는 1898년 3월 23일 4남매

신의경

중 외동딸인 신의경을 낳았다.* 신마리아는 이후에도 모교에서 성경과 산수 과목을 교수했다. 신앙생활도 열심히 하여 1911년 연동교회 최초로 여집사로 피택됐고, 교회 봉사에도 헌신하여 여성 교육의 일환으로 여자 성경반, 주일학교, 사경회, 연합여전도회 등의 운영에 전력을 다했다. 또 정신여학교에서는 사감, 학감, 교감 등을 역임하면서 학생들의 훈육 일체를 담당했다.**

---

* 신의경은 장차 정신여학교(1909년 연동여학교에서 개명, 제10회 졸업)와 이화여자전문학교 문과(제1회 졸업)를 졸업하고, 일제강점기에 대한민국애국부인회에서 독립운동에 헌신했으며, 이화여전 교수를 역임했다.

** 고춘섭, 『연동교회 애국지사 16인 열전』, 서울: 대한예수교장로회연동교회, 2009, p. 362; 고춘섭, 앞의 책, 2001, pp. 56-58.

김배세

신마리아가 결혼하여 맏아들을 낳은 후 남녀가 유별한 시대에 부인의 몸으로 1893년 정동여학교에 입학했고, 졸업 후 모교에서 보모와 교사의 역할을 담당하는 동시에 세브란스 의학교에서 남학생들과 교육을 받으며 자신의 역량을 지속적으로 키워나갔다는 것은 당시로서는 상당히 혁신적인 행보였다고 할 수 있다.

박에스더의 여동생인 김배세(1886~1944)는 1886년 4월 14일에 태어났다. 이 해는 박에스더가 이화학당에 입학한 해이기도 하다. 김배세의 세례명은 '카나한Carnahan'이고, 영어 이름은 'Bessie'였다. 이 이름을 한글 음으로 변환한 뒤 여기에 한자를 붙여 김배세金培世로 썼는데, 보통 '베시'라고 불렸다.

김배세는 18세이던 1903년에 둘째 언니가 교감으로 있는 연동여학교에 입학하여 1907년 제1회 졸업생이 됐다.* 연동여학교를 졸업한 후에는 1906년 9월 세브란스병원 안에 창설된 간호원 양성소에서 교육을 받았으며, 1910년 6월 10일 제1회 졸업생이 됐다. 당시 선교사들 사이에서 생활하며 일찍이 영어를 접했던 김배세는 세브란스병원 간호원 양성소 간호학생 시절 영어 능력을 인정받아 안나 맥스웰Anna C. Maxwell과 에이미 포프Amy E. Pope가 지은 『실용간호학Practical Nursing』을 1908년 번역하여 간호 교과서로 사용하는 데 기여할 수 있었다.** 김배세는 간호원 양성소 졸업 이후 세브란스병원과 평양 기홀병원 등에서 간호사로 활약했으며, 1922년에는 부산으로 내려가 간호 활동을 했다.

김배세는 1902년경 보구여관에서 언니인 박에스더의 조수를 했고, 박에스더가 평양의 여성병원인 광혜여원廣惠女院으로 옮겼을 때 따라갔으며, 1906년 평양에서 봄 성경학교를 열었을 때 지리를 가르쳤다. 즉 세브란스병원 간호원 양성소에 입학하

---

* 고춘섭, 앞의 책, 2001, pp. 62-63.

** Esther L. Shields, 「Personal Report of E. L. Shields, Seoul station, Korea Mission, July 1908 to May 1909」, 1909; 박형우 옮김, 『에스터 L. 쉴즈 자료집 I』, 서울: 연세대학교출판문화원, 2016, p. 506 재인용.

기 전 김배세는 적어도 4년 이상 서울 보구여관과 평양 광혜여원에서 언니의 조수를 하면서 기본적인 의료에 대해 경험할 수 있었다. 김배세는 1903년부터 1907년에 이르는 시기에 연동여학교 학생이기도 했다. 이는 당시 학제가 확립되지 않은 상태였기 때문에 연동여학교에 학적을 두고 교외 활동이 가능했던 것이라 추측된다.

이화학당과 보구여관에서의 생활

1891년은 김점동에게 새로운 의학을 배우는 시기였을 뿐 아니라 신앙적으로는 세례를 받은 매우 의미 있는 해였다. 그녀는 스크랜튼 대부인에게 세례를 통하여 진정한 기독교인이 되기를 청했고, 목사 올링거로부터 에스더(愛施德)라고 세례를 받았다. 그리고 신앙이 깊어지면서 기독교인으로서 하나님의 목적에 따라 자신에게 주어진 봉사를 더욱더 잘 감당할 수 있게 됐다.

이화학당에 입학하다

1886년 11월 10살의 김점동은 스크랜튼 대부인이 설립한 여학교의 네 번째 학생이 됐다.* 스크랜튼 대부인은 여성 교육 사업의 목적을 다음과 같이 천명했다.

> 우리의 목표는 한국 소녀들을 우리 외국 사람들의 생활, 의복, 환경에 맞도록 변화시키는 데 있지 않다. 우리는 한국인을 보다 나은 한국인으로 만드는 데 만족한다. 우리는 한국적인 것에 긍지를 갖는 한국인이 되기를 희망한다. 나아가서 그리스도의 교훈을 통하여 완전무결한 한국인을 만들고자 희망하는 바이다.**

스크랜튼 대부인은 1886년 2월 여성 교육을 실시하기 위한 공간을 마련하면서 학생을 모집하기 시작했으나, 3개월이 지나도록 한 명의 학생도 나타나지 않았다. 당시 한국 정부가 미국, 영국, 독일, 이탈리아 등 서양과 수교를 맺었고, 정동을 중심으

---

* 「The Story of the First Korean Woman Doctor」, 『The Gospel in All Lands』, 1899. 6, p. 268.

** 이화100년사편찬위원회 엮음, 『이화100년사』, 서울: 이화여자대학교출판부, 1994, p. 78.

이화학당 설립자 메리 스크랜튼Mary F. Scranton

로 각국의 외교관과 선교사들이 거주하기 시작했으나, 일반인에게 서양인은 여전히 낯설고 두려운 존재였다. 또한 한국인들 사이에서는 서양인이 아이들을 잡아먹는다는 소문이 팽배해 있었고, 외부 세계와 거의 단절된 채 생활하던 한국의 여인들을 만난다는 것은 불가능한 일이나 다름없었다.

5월이 되어 들어온 첫 학생은 관리의 소실인 김 씨 부인으로, 어전 통역으로 취직시키고자 하는 남편의 의도로 입학했으나 본인의 의지 부족과 건강상의 이유로 3개월을 채우지 못하고 돌아갔다. 6월에 입학한 새로운 학생은 가난 때문에 도저히 딸을 부양할 길이 없어 어머니가 맡긴 10살 쯤 되는 꽃님이었다. 그러나 며칠 후 그 어머니가 와서 차라리 굶을지언정 서양인에게 딸을 맡길 수 없다며 꽃님이를 집으로 데리고 가겠다고 했다. 동네 사람들이 서양인은 믿을 수 없다고 하며, 딸을 외국으로 팔아넘길 텐데 그런 서양인에게 딸을 맡긴 그를 나쁜 어머니라고 비난했기 때문이었다. 스크랜튼 대부인은 어머니에게 아이를 해치지 않고, 10리 밖으로 데리고 나가지 않겠다는 서약서를 써주고서야 꽃님이를 보내지 않을 수 있었다. 세 번째 학생은 전염병에 걸려 서대문 밖에 버려진 여자 환자의 딸로, 스크랜튼이 전염병 환자인 어머니를 병원에 데려다가 입원시켰을 때 함께 따라온 4살 쯤 된 별단이(일명 간난이)었다.* 그리고 11월에 김점동이 네 번째 학생으로 이화학당에 입학했다.

김점동이 아버지의 손에 이끌려 스크랜튼 대부인을 처음 만난 날은 몹시 추웠다. 그녀는 스크랜튼 대부인이 난로 가까이 앉으라고 불렀을 때, 한 번도 본 적 없었던 난로 속으로 자신을 집어넣을 것 같아 무서워했다.** 서양인에 대한 무서운 소문을 들었을 10살의 점동이는 처음 보는 서양인인 스크랜튼 대부인에 대해, 그리고 가족과 떨어져서 살아야 하는 앞으로의 생활에 대해 두려워했다. 그러나 얼마 지나지 않아 스크랜튼 대부인의 친절한 마음을 느끼게 되면서 그녀와 학교를 진심으로 사랑하게 됐다.*** 이제 김점동은 부모로부터 떨어져 스크랜튼 대부인의 여학교에서 선교사의 교육을 받으며 성장하게 됐다.

---

* Mary F. Scranton, 「Woman's Work in Korea」, 『The Korean Repository』, 1896, p. 5; 이덕주, 『스크랜턴: 어머니와 아들의 조선 선교 이야기』, 서울: 공옥출판사, 2014, pp. 144–145; 이화100년사편찬위원회 엮음, 앞의 책, pp. 49–52.

** Rosetta S. Hall, 앞의 책, p. 197.

*** Ella A. Lewis, 「A Korean Girl」, 『Heathen Woman's Friend』(이하 『HWF』), Vol. 25, No. 2, 1893. 8, p. 49; Rosetta S. Hall, 앞의 책, pp. 198–199.

신학문을 배우며 신앙이 성장하다

스크랜튼 대부인이 설립한 여학교는 1887년 봄에 왕실로부터 '이화학당'이라는 이름을 하사받으면서 새로운 전기를 맞이했다. 고위 관리나 정부기관에 배속되는 기수旗手가 이화학당에 보내져 학교 건물을 지키기 시작했으며, 정부에서 하사한 교명을 나무판에 새겨 학교 입구에 걸어놓았다. 당시 왕실로부터 학교의 이름을 하사받는다는 것은 국가가 공식적으로 인정한 교육기관이 되었다는 의미로 이해됐으며, 당시 일반인들의 서양인과 여성 교육에 대한 심리적 거부감을 줄일 수 있는 좋은 이유가 됐다.*

이화학당 초기 학생들에게 학교는 곧 가정이었다. 거의 모두가 기숙사 생활을 하던 학생들은 학교에서 잠을 자고 의복을 손질하고 자기 방을 관리했으며, 그 방에서 수업을 받았다. 몇 안 되는 이화학당 학생들의 생활은 공부하는 것과 노는 것의 구분이 명확하지 않았다. 스크랜튼 대부인 혼자 어린아이들을 데리고 가르치던 초기에는 의사소통조차 원활하지 않던 상태에서 학생들끼리 소꿉장난을 하게 하고, 통역도 없이 영어로 주기도

* Mary F. Scranton, 「From Missionary Letters」, 『HWF』, Vol. 19, No. 1, 1887. 7, p. 11; 이덕주, 앞의 책, pp. 163–165.

정동에 지어진 이화학당의 첫 한옥 교사校舍

문과 찬송가를 가르쳤다. 1886년 11월 기와집을 짓고 이사할 때 4명이던 이화학당 학생이 1887년 봄에는 7명이 됐다.*

스크랜튼 대부인은 부모와 떨어져 외로움을 느낄 어린 학생들과 이화학당에 보내 놓은 딸을 보고 싶어 하고 불안해할 어머니들을 위해서, 1887년 3월 20일 이화학당으로 어머니들을 초청하는 작은 오락회를 계획했다. 당시 이화학당의 학생은 7명이었는데, '학생 가족 초청 만찬 모임'에 초청받은 이들의 어머니들은 가까운 친척들과 함께 참석하여 자신들의 딸이 '이화학

* Mary F. Scranton, 「Woman's work in Korea」, p. 5.

당'이라는 공간에서 어떻게 지내고 있는지를 확인하며 즐거운 시간을 가졌다.*

이러한 스크랜튼 대부인의 마음과 이화학당에서의 생활에 대해 점차 알려지면서 1887년 가을학기 개강 때는 학생 수가 12명이 됐고, 1888년에는 13명이 됐다.** 이화학당은 학생 수가 증가하고, 학교와 전도 사업에 분주한 스크랜튼 대부인을 도울 다른 선교사들이 부임하여 학교 일을 전담하면서 보다 규칙적인 생활이 가능해졌다. 초기에는 가난하고 고아인 아이들을 맡아 기르던 이화학당에, 1889년에 이르러서는 일부 학부모가 딸을 맡기려고 간청하는 사례까지 생겼다.***

이화학당은 개교한 뒤에도 20여 년 동안은 정해진 학제나 학년 같은 것이 별도로 구분되어 있지 않은 상태로 운영됐다. 기숙사만 허용되면 학기 중 어느 때라도 신입생이 들어올 수 있었고, 특별한 사정이 없는 한 결혼할 때까지 학교에서 생활하는 것이 보통이었다. 학생들의 연령에도 제한은 없었으나, 학당의 기반이 잡힌 1896년경 학생들의 연령이 8세부터 17세까지 분포

---

* Mary F. Scranton, 「From Missionary Letters」, pp. 11–12; 이덕주, 앞의 책, pp. 173–179.

** 이화100년사편찬위원회 엮음, 앞의 책, p. 58.

*** Josephine O. Paine, 「Ewa Haktang and West Gate Day School」, 『The Korea Woman's Conference』(이하 『KWC』), 1899, p. 33.

학당 초기 이화학당 학생들(1893년 추정)

① 스크랜튼 대부인
② 페인 당장
③ 꽃님이
④ 박에스더

되어 있었던 사실로 미루어, 대체로 10세 전후에 입학하여 결혼할 나이가 될 때까지 공부했던 것으로 보인다.*

김점동이 이화학당에서 수학하는 약 7년 동안 가르침을 받았던 선생님은 스크랜튼 대부인과 루이자 로드와일러Louisa C. Rothweiler(1853~1921), 마거릿 벵겔Magaret J. Bengel(1869~?) 그리고 한국인 이경숙 등이었다. 스크랜튼 대부인은 한국에 도착하여 여성 사업을 본격적으로 시작하기 전부터 여성 교육 선교사와 여성 의료 선교사의 파견을 요청했는데, 1887년 10월 31일이 되어 로드와일러와 여성 의료 선교사 메타 하워드Meta Howard(1862~1930)가 내한하게 됐다.**

로드와일러는 디트로이트에서 출생한 독일계 미국인으로 독일에서 초등교육을 마치고 오하이오주 베레아에서 저먼 월리스 대학German Wallace College을 졸업한 뒤 수년간 고아원 보모, 공립학교 교사 등을 지내 교육 경험이 풍부했다. 그녀는 이화학당에 온 뒤 성경, 초등지리, 대수 등을 가르쳤고, 1890년 스크랜튼 대부인의 뒤를 이어 이화학당의 제2대 당장(1890. 5~1892. 6. 25)이 됐다. 로드와일러도 "소녀들을 가난과 악습과 무지로부터

---

* 이화100년사편찬위원회 엮음, 앞의 책, p. 62.

** 『Annual Report of the Missionary Society of the Methodist Episcopal Church』(이하 『MEC Report』), Vol. 70, 1889, p. 340.

이화학당 제2대 당장 루이자 로드와일러Louisa C. Rothweiler

보호하고, 외국인이 아닌 보다 나은 한국인을 만드는 데" 교육의 목적이 있다고 했으며, 나아가서 교육을 통하여 "책 속에 있는 지식을 전달하는 것뿐 아니라 실제적으로 유용한 삶을 살 수 있게 가르치려 애쓰고 있다."고 했다.*

1889년 4월, 최초의 한국인 여교사로 이경숙(드루실라)이 부임하여 이화학당의 교사가 3명이 됐다. 이경숙은 충청도 홍성의 가난한 선비 집안의 과부였는데, 스크랜튼 대부인의 전도로 기독교인이 된 후 그의 일을 돕게 됐다. 이경숙에 의해 이화학

* 『Annual report of the Woman's Foreign Missionary Society of the Methodist Episcopal Church』(이하 『WFMS Report』), Vol. 22, 1891, p. 65.

이화학당에서 음악과 영어를 담당한 마거릿 벵겔Margaret Bengel

당 학생들은 비로소 한글 읽기와 쓰기를 배울 수 있었다. 또 이경숙은 이화학당을 일반인에게 소개하고 이해시키는 데 큰 역할을 담당했다. 이화학당은 초파일이나 단오절 같은 명절에 학당 내부를 일반인들에게 공개하여 구경하게 했는데, 이때 이경숙은 찾아오는 많은 부인을 맞아 학당을 소개하고 교육 사업을 이해시켜 학당에 대한 의구심과 편견을 씻어주었다.*

벵겔은 1890년 10월 여성 의료 선교사 로제타 셔우드Rosetta Sherwood와 이화학당에 도착해, 1893년 결혼할 때까지 노래와

* 이화100년사편찬위원회 엮음, 앞의 책, p. 68.

이화학당 제3대 당장 조지핀 페인Josephine O. Paine

기악, 유연체조, 영어 수업을 담당했다. 1892년 부임한 조지핀 페인Josephin O. Paine(1869~1909)은 이화학당 제3대 당장에 취임했다. 페인은 미국 보스턴에서 출생하여 뉴잉글랜드의 교사 양성소를 졸업한 뒤 오랫동안 직장 생활을 하여 탁월한 사무 능력과 사업 능력을 가지고 있었다. 페인은 기독교 신앙의 감화를 받고 선교사가 되기로 결심한 후 한국에 파견됐다. 15년간 이화학당에서 당장의 자리에 있으면서 구약성경을 가르쳤고, 청일전쟁, 러일전쟁 등 급변하는 사회 정세 속에서 동요됨 없이 학교를 확장시켜 1904년 이화학당 중학과를 설치했다.

김점동은 이상의 이화학당의 교사로 임명받은 여선교사들 외에 한국에 주재하던 여선교사와 선교사 부인들에게도 수업을 받았다. 서울에 살고 있던 다른 선교부 소속의 여선교사들과 선교사 부인들 그리고 한국에 처음 와서 다른 임지로 발령되기를 기다리고 있던 여선교사들이 기꺼이 이화학당의 수업을 도와주었다. 또한 한국인 교사들을 시간제로 초빙했기 때문에 김점동은 이들로부터도 다양한 과목의 지식을 접할 수 있었고, 벵겔에게 오르간을 배워 진료소에서 열리는 주일 오후 예배에서 악단의 멤버로 오르간을 연주하는 봉사활동도 할 수 있게 됐다.*

대체로 김점동이 이화학당에서 생활하던 시기에 개설된 과목을 종합해보면 영어(읽기, 쓰기, 작문), 산수, 생리학, 일반역사, 성경, 한문, 초등지리, 한글(읽기, 쓰기), 오르간, 노래, 재봉, 자수 등이었다. 그러나 이 과목들이 항상 개설됐던 것은 아니다. 교사의 대부분이 선교사였기 때문에, 임기가 끝나 다른 지역으로 옮기거나 안식년으로 귀국할 때마다 교과목도 변동됐다.

1893년경까지는 교과서다운 교과서가 없어서 교육하기가 어려웠다. 기껏해야 번역된 성경과 교리문답서가 종교교육과 한글 읽기, 한문 공부를 위한 교재로 사용됐다. 한편 선교사 교사들의 한국어 실력이나 학생들의 연령과 지식 수준의 차이 때

---

* 「The Story of the First Korean Woman Doctor」, p. 270.

문에 사실상 적절한 교과서가 있어도 사용하기는 어려운 실정이었다. 그러던 중 1892년 육영공원 교수 호머 헐버트Homer B. Hulbert가 『사민필지士民必知』를 저술하자 이화학당에서도 이것을 지리 교재로 사용했다. 초기 학생들은 통역 없이 선교사들과 늘 함께 생활하는 중에 자연스럽게 영어를 익힐 수 있었고, 1890년에 이미 김점동과 몇몇 이화학당 학생이 보구여관에 나가 당시 한국에 갓 들어온 여성 의료 선교사 로제타와 환자 사이에서 통역을 할 수 있을 정도가 됐다.*

이화학당에서의 기독교 교육은 학생들의 신앙을 성장시켰다. 스크랜튼 대부인은 초창기 학생들과 의사소통이 되지 않는 상황에서 찬송가와 기독교 교리 등을 가르쳤고, 외부에서 손님이 오면 학생들로 하여금 그들 앞에서 그것을 영어로 들려주도록 했다.** 이화학당 학생들은 처음에는 신앙 없이 성경과 기독교 교리를 배웠지만 차차 관심을 표하는 학생들이 나타났고, 스크랜튼 대부인은 '제일 나이가 많은 두 학생'이 선교사들의 '믿음 생활'을 모방하며 매일 「마가복음」을 읽고 있음을 1888년 여성해외선교부에 보고했다. '제일 나이가 많은 두 학생' 중 한 명

* 이화100년사편찬위원회 엮음, 앞의 책, pp. 67–68.

** W. B. Scranton's letter to Dr. J. M. Reid, 1887. 4. 21; 이덕주, 앞의 책, pp. 162–163 재인용.

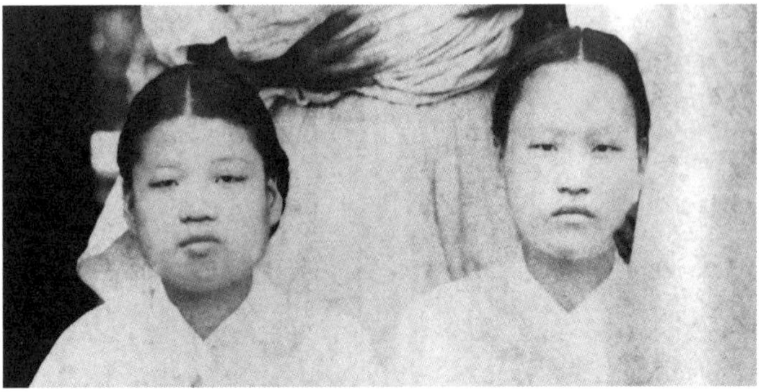

이화학당에서 제일 나이 많은 두 학생, 박에스더(왼쪽)와 꽃님이(애니, 오른쪽)

은 꽃님이로, 이화학당의 두 번째 학생이자 첫 번째로 영구학생이 된 소녀였다.

이와 같은 이화학당의 분위기에서 김점동도 성경과 교리문답을 공부하며 하나님을 알아가고 믿음을 키워갔으며, 차차 복음의 진리를 깨닫기 시작했다. 1888년 장마철의 어느 날 밤, 김점동은 방 안에서 요란한 빗소리를 들으며 인간의 죄를 벌주기 위해 하나님이 행한 노아의 방주를 생각하고 두려워졌다. 그녀는 같은 생각을 하고 있었던 일본인 친구 오와가와 그동안 미워했던 친구에 대해 서로 이야기하며 하나님께 죄를 고백했고, 그들의 마음을 깨끗하게 해주시고 죽음을 두려워하는 마음을 없애달라고 간절히 기도했다. 이때 그녀는 두려움이 없어지며 마음이 편안해지는 경험을 하게 됐다. 김점동은 이러한 회심 사건을 경험하고 이튿날 다른 친구들에게 심경의 변화를 이야기한 후 자신의 방을 깨끗하게 청소하고 친구들을 초대했다. 김점동은 친구들과 함께 선교사들이 하는 것처럼 방을 꽃으로 장식하고 찬송가를 부르며 기도하는 작은 기도회를 가졌다. 이러한 모임을 매일 밤 갖기로 하자, 그들의 한국인 교사가 이 소식을 듣고 함께 참석했고, 다른 여성들도 찾아왔다. 김점동에 의해 시작된 이 기도 모임이 한국 여성이 자발적으로 시작한 최초의 기도회였다고 평가된다.* 스크랜튼 대부인은 이화학당 안에서 "하나님을 찬양하는 소녀들의 음성과 밝은 얼굴을 보며 한국에서의 여성 사업이 성공했다는 확신을 갖게 됐다."고 해외여성선교회에 보고했다.**

이상과 같은 이화학당의 발전이 항상 평탄한 과정에서 이루어진 것은 아니었다. 1888년 6월에는 서양인의 '영아 매식', 즉 서양인이 어린이를 잡아먹는다는 흉흉한 소문이 확대되면서, 성난 군중이 이화학당과 같은 선교사 기관을 습격한 사건이 발생했다. 이 사건은 1886년 한불수호조약이 체결되면서 프랑스 사제들이 종교 활동에 대한 자유를 획득한 것으로 파악하여 경

* Ella A. Lewis, 앞의 글, p. 49; Rosetta S. Hall, 앞의 책, pp. 199–200; 「The Story of the First Korean Woman Doctor」, p. 268.

** 『WFMS Report』, Vol. 18, 1887, p. 52.

복궁이 내려다보이는 명례방, 즉 현재의 명동 언덕에 성당 부지를 매입하고 성당을 건축한 것으로부터 시작됐다. 당시 한국 정부가 건축 포기 및 자제를 여러 경로를 통해 요청했으나 천주교회 측은 공사를 강행했다. 이에 정부는 천주교뿐 아니라 개신교까지 포함하여 "외국인들의 모든 종교 활동을 금한다."는 내용이 담긴 칙령을 반포했다. 이런 상황에서 원산을 비롯한 지방 몇 곳에서 어린아이 실종 사건이 발생했다. 수구파는 이것을 선교사 배척 운동으로 연결시켜, 서양 선교사들이 한국 아이들을 잡아다가 삶아먹거나 미국에 노예로 팔아넘긴다는 소문을 퍼뜨렸다. 소문을 사실로 알고 흥분한 군중이 정동 선교 지역으로 몰려왔다.*

이때 이화학당에서 일을 도와주던 고용인들 일부도 크게 다쳤다. 사태가 긴박해지자 이화학당은 수습책으로 임시 방학을 하고 학생들을 그들의 집으로 보냈다.** 영아 매식과 관련된 소요는 6주 만에 진정됐지만 그 후유증은 상당 기간 지속됐다. 이화학당도 한참 동안 문을 열지 못했으며, 이때 집으로 돌아갔던 학생 중 한두 명은 결혼을 한다고 돌아오지 않았고, 한 부모는 나쁜 소문이 난 서양인이 세운 교육기관에 딸을 보낼 수 없다고

---

* 이덕주, 앞의 책, pp. 200–204.

** 이화100년사편찬위원회 엮음, 앞의 책, p. 63.

하며 아이를 다시 이화학당으로 보내지 않았다.

그러나 위기는 새로운 기회가 됐다. 시간이 흐르면서 거짓 소문을 퍼뜨린 수구 세력의 실체가 드러났고, 선교사들과 그들이 하는 사역의 진의를 파악한 사람들은 선교사들에게 신뢰를 보내기 시작했다. 이후 이화학당은 1888년 9월 다시 문을 열었고, 대부분의 학생은 다시 돌아와 학업을 이어나갔다. 다시 돌아온 학생들의 배움과 신앙에 대한 열정은 전보다 강해져, 선교사들에게 학생들의 신학문 습득과 신앙의 진보는 보람이자 기쁨이 됐다.

이상과 같이 1886년 11월 이화학당에 입학한 김점동은 스크랜튼 대부인이 짓고 있었던 한옥 교사로 이전한 네 명의 학생 중 한 명이었으며, '이화학당'이라는 이름을 하사받을 때도, '학생 가족 초청 만찬 모임' 때도, '영아 매식 사건'으로 흉흉한 시기에도 함께 했다. 김점동은 이화학당의 울타리에서 학당이 발전과 위기를 함께 겪으며, 당시 또래의 한국 소녀들이 결코 상상할 수 없었던 신지식을 다양한 선교사와 한국인 교사들로부터 습득하고 기독교 신앙을 키워나가며 성장하고 있었다.

보구여관에서 근대 의학을 접하다

김점동에게 1890년 10월은 인생의 전환점이 되는 중요한 시기였다. 그전까지 그녀는 이화학당에서 스크랜튼 대부인과 로드와일러, 이경숙 등으로부터 다양한 연령층의 학생들과 함께 성경, 한글, 대수, 지리 등을 배우며 생활하고 있었다. 그러던 중 1890년 로제타가 보구여관을 책임지게 되면서 김점동의 활동 영역이 이화학당을 넘어 보구여관으로 확대됐다.

보구여관은 메타 하워드가 이화학당 구내에 설립한 여성병원이었다. 1885년 북감리교 의료 선교사로 한국에 들어온 스크랜튼은 6월 정동에 시병원을 개설하고 환자를 치료하기 시작했다. 스크랜튼은 당시 한국 사회의 소위 '남녀유별' 사상 때문에 여성들이 제대로 치료를 받지 못하는 현실을 인식하고 여성만을 따로 치료하기 위한 병원의 설립이 시급하다고 생각했다. 당시 내외가 심했던 부녀자들은 남자 의사에게 진맥조차 받으려 하지 않았다. 서양의 남자 의사에게 몸을 보이느니 차라리 죽어버리겠다고 완강히 거부하는 부녀자들이 허다했다.

이러한 사정을 알게 된 스크랜튼 대부인은 여성해외선교회에 여의사 파견을 요구했고, 여성해외선교회가 파견한 여의사 하워드가 1887년 10월 입국했다. 미국 일리노이주의 노스웨스턴

한국 최초의 여성 전용 병원인 보구여관

대학교 의과대학을 졸업한 하워드는 한국에 입국하자마자 스크랜튼의 시병원에서 여성을 진료하면서 한국 최초의 여성병원을 이화학당 교내에 설립하고 1888년 11월 이전하여 정식으로 발족시켰다.* 보구여관은 스크랜튼 대부인의 관할하에 있었을 뿐만 아니라 이화학당과 같은 구내에 있어 학당 학생들의 건강 문제도 담당했기 때문에 이화학당과는 한 기관처럼 밀접한 관계에 있었다.**

왕실은 이 여성병원에 '보구여관'이라는 이름을 내렸다. 민비

* Mary F. Scranton, 「Woman's Work in Korea」, p. 5.
** 이화100년사편찬위원회 엮음, 앞의 책, p. 90.

(명성황후로 추존)는 보구여관을 '질병으로부터 보호하고 구원해 주는 여성의 병원Caring For and Saving Woman's Hospital'*이라고 하면서 그 활동을 격려했다. 고종이 하사한 '보구여관'이라는 이름에 대해 선교사들은 '여자 환자의 집house of many-sick-women', '모두를 구제하는 병원Salvation-for-all Hospital'이라고 이해했다.** 여의사 하워드는 이곳에서 약 2년간 한국의 부녀자들을 돌보다가 건강 상태가 악화되어 1889년 9월 귀국해야 했다.***

하워드가 귀국한 이후 1년 동안 보구여관을 책임질 적임자를 찾을 수 없었다. 그동안 보구여관의 진료는 스크랜튼이 주로 담당했고, 그의 부재 시에는 1889년 8월 27일에 내한한 윌리엄 맥길William B. McGill(1859~1918)이 도와주었다. 이들은 약 11개월 동안 보구여관에서 1,618명의 환자를 치료했다. 이는 남자 의사를 꺼림에도 불구하고 하워드가 치료했을 때보다 오히려 그 수가 늘어난 것으로, 서양 의술에 대해 긍정적으로 생각하는 사람들이 늘어나고 있었음을 알 수 있다. 그러나 여전히 대다수의 여자 환자는 남자 의사에게 진찰받는 것을 불편해했고, 언제 여

---

* Rosetta S. Hall, 「Backward Glances at Women's Medical Work」, 『The Korea Mission Year Book』, 1928, p. 222.

** Mary Isham, 『Valorous Ventures』, Boston, MA: Woman's Foreign Missionary Society Methodist Episcopal Church Publication Office, 1936, p. 267.

*** 『WFMS Report』, Vol. 22, 1891, p. 66.

메타 하워드Meta Howard

의사가 오는지를 자주 물었다.*

보구여관의 입원 환자들은 경제적 형편에 따라 병원비를 부담했다. 여유가 있는 환자들은 땔감, 그리고 하인이나 가족 중 간호할 사람을 데리고 왔다. 먹을 것을 스스로 해결할 수 있는 입원 환자의 수는 전체 환자의 1/4이 약간 넘었다.** 형편이 되는 사람들에게는 약값을 청구했으나 병원비를 따로 받지는 않았다. 이들은 형편껏 계란, 닭, 감, 곶감, 부채, 발, 돗자리 등으

* Louisa C. Rothweiler, 「Our Work in Korea」, 『KMF』, Vol. 5, No. 10, 1909, p. 167; 『MEC Report』, Vol. 71, 1890. 1, p. 272.

** 『WFMS Report』, Vol. 22, 1891, p. 67.

로 감사함을 표현했다.

1890년 10월 13일 보구여관 제2대 책임자로 여성 의료 선교사인 로제타가 서울에 도착했다. 로제타는 1865년 미국 뉴욕의 리버티에서 태어나 펜실베이니아 여자의과대학을 졸업하고 스테이튼 섬의 어린이병원과 뉴욕의 빈민가 시료원에서 경험을 쌓은 후 한국으로 파견됐다. 많은 여성이 진찰을 받기 위해 여의사를 오랫동안 기다리고 있었기 때문에, 로제타는 한국어를 학습할 시간도 없이 도착한 바로 다음 날부터 진료를 시작해야만 했다.* 이화학당 교사 로드와일러가 로제타의 통역을 맡아주었는데, 로드와일러가 독감을 심하게 앓으면서 로제타는 영어가 숙달된 이화학당 학생들의 도움을 받아야 했다. 그렇게 10월 24일 통역과 의료 보조를 위해 김점동, 오와가,** 그리고 봉업*** 등 2~3명의 학생들이 보구여관에 발을 들여놓았다. 이들은 하

---

* 『WFMS Report』, Vol. 22, 1891, pp. 64–66.

** 오와가는 아버지가 서울에 근무하는 동안 이화학당에 다니고 있었다. 그녀는 1888년경 나가사키에 있는 장로교 여학교에서 전학을 왔다가 1891년 7월 일본으로 귀국했다. 로제타와 에스더는 미국으로 가는 1894년 12월 중순경 나가사키에서 오와가를 만났는데, 당시 오와가는 여성해외선교회에서 운영하는 나가사키 여학교로 다시 전학을 가서 공부하고 있었다(『WFMS Report』, Vol. 22, 1891, p. 64; 박정희, 『닥터 로제타 홀』, 파주: 다산북스, 2015, p. 77; p. 191; p. 322).

*** 봉업은 이화학당에서 가장 말괄량이 학생 중 한 명이었다. 그녀는 로제타와 뉴욕에서부터 친한 친구이자, 로제타의 간청으로 여성해외선교회가 1891년 서울로 파견한 간호사인 루이스와 살며 오전에는 이화학당에 다니고 오후에는 진료소에서 일했다(박정희, 앞의 책, p. 186.).

로제타 셔우드 홀Rosetta Sherwood Hall(양화진문화원 제공)

루에 5~6시간 정도 진료소에서 통역을 담당했으며, 이렇게 김점동은 의료 활동을 시작하게 됐다.* 당시 한국 소녀들은 대낮에 돌아다닐 수 없었기 때문에, 로제타가 낮에 왕진을 갈 때는 일본 소녀인 오와가를 데리고 다니며 통역을 시켰고 점동이는 밤에만 데리고 나섰다.** 점동이는 보구여관에서 일하기 시작한 초기에는 통역하는 것은 좋아했지만, 외과 수술을 보조하는 것은 싫어했다.

* Rosetta S. Hall, 앞의 책, p. 200; 셔우드 홀, 김동열 옮김, 『닥터홀의 조선회상』, 서울: 좋은 씨앗, 2003, p. 115.
** 박정희, 앞의 책, p. 155; p. 206.

이들을 처음 만난 날 로제타는 점동이와 오와가에 대한 생각을 다음과 같이 일기에 기록했다.

> 두 아이를 진료소로 내려오라고 하여 그램과 드램으로 무게를 재는 법, 미념과 온스 측정하는 법, 가루를 만들고 나누는 법을 가르쳤다. 점동이는 수학을 이해하는 게 약간 빠르고 양의 계산을 잘하는 반면, 오와가는 좀 더 깔끔하고 정확하게 해낸다. ……(중략)…… 점동이는 영어를 잘하는 열네 살의 건강한 소녀인데 영리하고 행동이 민첩해서 나는 그 아이를 꼭 훈련시키고 싶다. 나는 그 두 아이를 훈련시키려 한다. 그 아이들은 동료로서 서로 도움이 될 것이다. 내가 그 아이들을 선택한 것이 내 뜻만은 아닐 거라 믿고, 나에게만 도움이 되게 하려는 것이 아니라 그 아이들이 좀 더 폭넓은 삶을 살고 세상에 유익한 사람이 되는 기회가 될 것이라 믿는다. 그리고 무엇보다도 그 아이들이 하나님의 사랑 안에서 안전하고 행복할 거라 믿는다.*

로제타는 한국에 온 지 한 달이 안 됐을 11월 11일, 기록할

---

* 로제타 홀 일기, 1890년 10월 24일.

만한 수술을 했다. 약 50킬로미터 떨어진 시골에서 가마를 타고 올라온 열여섯 살의 윤 씨 성을 가진 소녀는 서울의 또래 소녀들에 비해 키가 크고 예뻐 보였다. 그런데 그녀의 오른손은 4년 전에 입은 화상으로 인해 엄지와 검지를 제외한 세 손가락이 손바닥과 붙어 있었다. 오후 2시부터 수술을 시작하여 3시간 동안 진행된 수술은 아주 정밀하고 세심한 주의를 요하는 것이었다. 에테르로 마취한 다음, 손가락들을 절개하고 분리해 각각 따로 싸매고 펼쳐서 부목을 댄 후 다시 싸맸다.

이 소녀는 입원해서 치료를 받다가 12월 22일 피부 이식 수술을 받았다. 수술 경과는 좋았으나, 피부를 늘려서 이어 붙였음에도 불구하고 군데군데 피부가 없는 부분이 있어 외형상 몹시 흉했다. 로제타는 피부 이식 수술을 하는 과정에서 환자가 상황을 이해하지 못하고 피부를 떼어내는 것을 거부하자, 자신의 피부를 세군데 떼어낸 후 환자에게 이식했다. 이를 본 점동이는 "저는 아마도 제 친자매이거나 선생님(필자 주: 로제타 셔우드)이라면 피부를 떼어줄 수 있을 것 같아요. 하지만 남이라면 도저히 못해요."라고 말했다. 시간이 지나 이화학당 학생 봉업, 이화학당 교사 로드와일러와 벵겔 등 피부를 기증하겠다는 사람들이 나타났고, 환자 본인과 환자의 오빠도 자신의 피부를 떼어내는 것에 동의했다. 로제타는 모두 30여 개의 피부 조각을 이식할 수 있었다. 로제타의 치료 결과 윤 씨 소녀의 오른손은 완벽하지는 않았지만 그리 보기 흉하지 않게 회복됐다. 소녀의 가족은 암탉 세 마리와 수탉 한 마리를 고마움의 표시로 가져왔다. 로제타는 무엇보다 이 소녀가 보구여관에 있으면서 「누가복음」을 읽게 된 것에 기쁨과 보람을 느꼈다.*

이 사례는 당시 한국에서 치료한다는 것은 상상도 할 수 없었던 외과적 수술로, 손바닥에 붙었던 손가락이 떼어지고, 여러 사람의 피부를 이식하여 외형상으로도 흉하지 않으면서 제 기능을 할 수 있게 됐다는 점에서 기적에 가까운 것이었다. 입원을 하고 외과 수술을 하면서 오랜 시간 이 과정을 지켜본 점동이의 반응과 수술에 참여했던 로제타의 평가가 흥미롭다. 점동이는 자신의 피부를 떼어줄 수 있는 대상을 자신이 사랑하는 특정 사람에 한정지으면서 피부를 기증하지 않았다. 이는 그녀가 보구여관에 들어갔던 초기에 의료 활동에 참여하기는 했으나, 아직 의료인의 마음을 가지지 못한 상태였음을 알 수 있게 하는 대목이다. 반면 로제타는 점동이가 외과 수술 과정에서 수술 자체를 불편해하고 혐오스러워했음에도 불구하고 자신의 의무를 다하기 위하여 노력하는 것을 보면 놀랍다고 평가하며 그녀를 주목했다.**

---

* 박정희, 앞의 책, pp. 165–168.

** 『WFMS Report』, Vol. 22, 1891, p. 65.

한국 최초로 여성 의학교육을 받다

로제타는 1891년 신학기가 시작되기 전 겨울방학부터 보구여관에서 자신을 도와주었던 점동이와 오와가를 데리고 생리학을 가르치기 시작했다. 생리학 수업은 몇 개월이 지나면서 대상이 확대되고 교육과정이 체계화됐다. 겨울방학이 지나고 1891년 초부터는 점동이와 오와가 외에도 봉순, 애니(필자 주: 꽃님의 세례명) 등을 더하여 일주일에 한 번씩 생리학 수업을 진행했다.* 로제타의 생리학 수업에 여메례**도 참여하게 됐는데, 로제타는 이들을 '내 아이들my girls'이라고 부르며 이화학당의 다른 학생들보다 특별히 사랑했다.

로제타는 한국에서 여성들이 치료받기 힘든 현실을 직시하고, 여성 의료인의 필요성을 절감하면서 점동이를 비롯한 소녀들에게 생리학과 약리학을 가르치는 동시에 진료소에서 약을 제조하고 환자들을 돌보는 방법에 관한 실제적인 수업을 했다. 로제타가 김점동 등에게 실시한 이 수업이 한국에서 여성에게 최초로 실시한 의학교실이었다고 평가되고 있다. 이러한 훈련 결과 이들은 나이가 어림에도 불구하고 매우 유용한 조수가

---

* 박정희, 앞의 책, p. 191; p. 408.

** 이화학당의 초기 학생으로 1888년 9월 메리Mary로 세례를 받고 메례로 불리어졌다.

됐다.*

1891년 1월은 김점동에게 새로운 의학을 배우는 시기였을 뿐 아니라 신앙적으로는 세례를 받은 매우 의미 있는 시간이었다. 그녀는 이화학당에서 교육을 받으며 신앙심이 깊어졌다. 그래서 스크랜튼 대부인에게 세례를 통하여 진정한 기독교인이 되기를 청했고, 1891년 1월 25일 목사 프랭클린 올링거Franklin Ohlinger로부터 에스더愛施德라고 세례를 받았다.**

당시 한국 여성은 대개 14세 즈음에 결혼을 했는데, 결혼을 하게 되면 자신의 이름으로 불리지 않고 출신 지역에 따라 "어디 어디 댁"으로 불리다가, 아기를 낳아 엄마가 되면 "누구누구의 엄마"로 불렸다. 선교사들은 여성과 소녀들에게 세례를 하면서 그들이 성경에서 자주 사용했던 이름을 새로운 이름으로 주었다. 김점동은 에스더라는 이름을 스스로 선택했고 세례 받은 것을 매우 행복해했다.*** 이때부터 로제타는 김점동을 에스더라고 불렀다.**** 에스더는 신앙이 깊어지면서 기독교인으로서 하나님의 목적에 따라 자신에게 주어진 봉사를 더욱더 잘 감당

---

* Rosetta S. Hall, 앞의 책, p. 200; 셔우드 홀, 앞의 책, p. 115.

** Ella A. Lewis, 앞의 글, p. 49; Rosetta S. Hall, 앞의 책, p. 201.

*** 「The Story of the First Korean Woman Doctor」, p. 269.

**** 박정희, 앞의 책, p. 142.

할 수 있게 됐다.*

1891년 3월 말경 에스더는 이미 병원에서 매우 소중한 존재, 능숙한 조수가 되어 있었다. 겨울방학부터 생리학 강습반이 이루어진 까닭이기도 했다. 루드와일러가 병원에 통역을 하러 오지 않아도 됐고, 오와가가 없을 때나 아플 때는 에스더 혼자서 기구를 챙기고 약을 조제하며, 수술할 때는 피를 닦아주면서 곁에서 로제타를 도왔다. 처음에는 에스더가 외과 수술에 대해 혐오감을 가지고 있었기 때문에 에스더 스스로도 그렇게 잘 해내리라고 생각하지 못했다. 그런 에스더를 바라보는 로제타에게는 놀랄 일이 많이 생겼다.

에스더는 생리학 수업을 시작할 때는 뼈를 만지기는커녕 사진도 간신히 볼 정도이더니, 신체 외부 골격을 가르치기 시작해 피부에 대한 강의를 끝내기도 전에 뼈를 배우고 싶어 안달이었다. 에스더는 생리학을 다른 어떤 아이들보다 매우 빨리 이해했다. 에스더는 뭐든 빨리 배웠고, 환자들이 오면 로제타가 알아야 할 필수적인 사항들을 질문하고 그 답과 증상을 미리 다 파악해놓았다. 흔한 병에 대해 로제타가 어떤 약을 처방하는지도 모두 알고 있었다.

---

* 『WFMS Report』, Vol. 24, 1893, p. 79.

이런 에스더를 보면서 로제타는 에스더가 훌륭한 의사가 될 자질이 있다고 판단했다. 로제타는 에스더가 다른 한국 소녀들처럼 그렇게 일찍 결혼하지 말고 보구여관에 오래도록 머물러주기를 희망했다. 로제타는 에스더가 한국의 상황을 바꾸는 데 기여할 수 있으리라 믿으며, 에스더의 미래에 대해서 1891년 3월 29일 일기에 다음과 같이 계획을 세워보기도 했다.

> 나는 이 아이가 따라준다면 내가 할 수 있는 모든 것을 가르치고 싶고 아마도 때가 되면 이 아이를 미국으로 보내 학위를 따게 할 수도 있을 것이라 생각한다. 이 나라의 풍습으로는 이 아이가 개업을 해서 의료 활동을 할 수 있을 것 같지 않지만, 우리 병원에 머물러 일한다면 그녀를 발전시키고 다른 이들을 교육하는 데 큰 도움이 될 것이다.*

로제타는 1891년 4월 11일 두 건의 구순구개열** 수술을 포함하여 3월부터 총 4건의 구순구개열 수술을 했다. 사라와 에스더가 구순구개열 수술을 보조했다. 에스더는 갈수록 용감해지고 능숙해져서, 수술 시 피를 잘 닦아내고 혈관을 누르는 지혈 겸

---

* 로제타 홀 일기, 1891년 3월 29일.

** 태어나면서부터 입술과 입천장이 갈라져 있는 기형으로, 일반적으로 말하는 언청이다.

자도 제법 잘 다루게 됐다.*

간단한 외과적 수술로 엄청난 변화를 불러오는 이 수술은 숱한 여성들의 인생을 구원했다. 구순구개열 수술을 받고 외모가 엄청나게 달라진 여성들은 그동안 외면하던 남편과 재결합하기도 했고, 남편이 데리러 왔는데도 돌아가기를 거부하고 궁궐로 들어가 허드렛일을 하면서 자신의 삶을 개척해나가기도 했다.**

에스더는 구순구개열로 사회에 적응하지 못하고 소외되던 사람들이 수술을 통해 새로운 삶을 살기 시작하는 것을 보고, 의사가 하는 일이 참으로 아름다운 일임을 깨닫게 됐다. 이런 과정에서 에스더는 반드시 혼자 힘으로 수술을 할 수 있는 의사가 되겠다고 결심했다.*** 에스더는 로제타의 통역을 하면서 한가한 시간에 의학을 공부했고, 외국에 나가 공부하고자 하는 꿈을 키워나갔다.****

한편 함께 의학 공부를 하던 학생들에게 변화가 찾아왔다.

---

* 로제타 홀 일기, 1891년 3월 12일; 1891년 4월 11일.
** 박정희, 앞의 책, pp. 168–169.
*** Charles A. Sauer (Ed.), 『Within the Gate』, Seoul: The Korea Methodist News Service, 1934, p. 97; Rosetta S. Hall, 앞의 책, p. 200; 셔우드 홀, 앞의 책, p. 115.
**** 「Faithful unto Death」, 『KMF』, Vol. 7, No. 5, 1911, pp. 139–140.

오와가는 1891년 7월 일본으로 귀국했고,* 다른 두 명은 한국의 조혼 풍습으로 만 열다섯 살도 채 되지 않았음에도 결혼을 하게 되어 이화학당을 떠나게 됐다. 로제타는 한국의 조혼 풍습으로 자신이 가르치던 아이들이 의료 학업을 중단하게 되자, 조혼이 없다면 자신이 가르치는 소녀들이 앞으로 약사, 간호사, 의사가 될 수 있을 것이라고 하면서 학생들을 16세가 넘도록 데리고 있을 수 없는 현실을 안타까워했다.**

그래서 로제타는 새로 교육시킬 대상으로, 결혼으로 수업을 중단하지 않아도 되는 어린 과부를 기다렸다. 마침내 기다리던 어리고 영리한 과부가 나타났다. 이 어린 과부는 한글을 읽을 줄도 몰랐는데 몇 달 동안 이화학당에 다니더니 한글을 읽고 쓸 수 있게 됐으며, 이후 '수잔'으로 세례도 받았다.*** 또한 여메례는 1891년 결혼한 지 반년도 안 되어 과부가 된 여성이었다. 로제타는 에스더, 메례, 수잔을 집중적으로 훈련시켰으며, 이들은 그녀에게 제자이자 동료가 됐다.

에스더는 1890년 보구여관에서 로제타를 돕기 시작한 이후 1년 동안 오와가, 봉순, 애니, 메례 등과 함께 생리학을 배우기

---

* 로제타 홀 일기, 1891년 7월 19일.

** 『WFMS Report』, Vol. 22, 1891, p. 67.

*** Rosetta S. Hall, 「Woman's Needs and Woman's works」, 『The Medical Missionary Record』, 1893, p. 112.

시작했고, 1891년 가을부터는 에스더, 메례, 수잔 등이 중심이 되어 약리학 수업도 추가로 배우게 됐다. 이들의 관계는 오래도록 끈끈하게 연결되어, 함께 서로의 생활에 힘이 됐다. 에스더는 미국에 가서 의사가 되어 돌아와 로제타와 동료가 됐으며, 메례는 보구여관에서, 수잔은 보구여관과 평양의 광혜여원에서 오랫동안 로제타와 에스더를 보조했다.

사명감 있는 유능한 의료 보조자가 되다

로제타가 첫 10개월 동안 보구여관에서 치료한 환자 수는 2,359명에 이르렀다. 82명의 왕진 환자가 있었고, 35명이 입원하여 치료를 받았다. 처방전 발행 건수는 6,000건이 넘었는데, 한국어를 전혀 하지 못했던 로제타 혼자서 감당하기에는 상상할 수 없을 만큼 많은 환자를 치료한 것이다. 이때 진료했던 여성들은 조대비의 조카딸 등 왕실 및 높은 관직의 여성들부터, 땅에 붙을 듯 낮은 지붕에 종이로 바른 작은 문짝 하나, 방바닥도 바르지 못해 짚이 깔려 있는 초가삼간에 더러운 이불을 덮고 누워 있는 가난한 집의 딸까지 그 대상이 매우 다양했다.* 로제타가 행한 대부분의 의료 활동은 에스더가 곁에서 도우며 이룬 것이라고 해도 과언이 아니다.

에스더는 로제타와 점점 가까워졌고, 로제타의 26번째 생일인 1891년 9월 19일에 자신이 직접 수를 놓아 장식한 바늘꽂이를 선물하면서 로제타가 한국에서 오래오래 머물기를, 또 그녀의 장수를 기원했다.** 이렇게 에스더가 보구여관에서 로제타의 의료 활동을 보조하고 의학 지식을 배우면서 친밀해지는 가운

* 로제타 홀 일기, 1891년 1월 25일.
** 로제타 홀 일기, 1891년 9월 19일.

데 1891년 12월 17일, 로제타와 결혼을 약속한 윌리엄 홀William J. Hall(1860~1894)이 의료 선교사로 서울에 도착했다.

에스더는 처음에는 윌리엄을 심하게 질투했다. 윌리엄이 이틀에 한 번씩 로제타를 만나러 올 때마다 그녀를 윌리엄에게 빼앗긴 듯한 기분이 들었다. 언젠가 한 번은 에스더가 봉업에게, 이틀에 한 번씩 로제타를 만나러 오는 윌리엄의 열병을 잡으려면 키니네quinine* 가 꼭 필요하다고 우기며 윌리엄에게 키니네 캡슐을 가져다주라고 하기도 했다.** 그러던 에스더는 둘의 사랑을 방해할 수 없음을 깨달았는지, 얼마 지나지 않아 "당신이 닥터 홀을 사랑한다고 해도 질투하지 않겠습니다. 나도 그분을 사랑하도록 노력하겠습니다."라는 내용의 편지를 로제타에게 보냈다. 그리고 1892년부터 에스더는 로제타에게 편지를 쓸 때 '나의 사랑하는 의사 선생님'에서 '나의 가장 사랑하는 언니'로 바꿔 적기 시작했다.*** 로제타와 에스더는 단순히 보구여관 의사와 보조하는 이화학당 학생이라는 관계를 넘어 때로는 스승과 제자, 때로는 언니와 동생처럼 서로 사랑하고 아끼는 관계로 발전해갔다.

---

* 기니나무 껍질에서 얻는 알칼로이드의 대표적인 것으로, 해열 · 진통 등의 효과가 있다.
** 박정희, 앞의 책, p. 217.
*** 로제타 홀 일기, 1892년 3월 29일.

윌리엄 홀William J. Hall(양화진문화원 제공)

로제타와 윌리엄은 1892년 6월 27일 결혼식을 올렸고 중국으로 신혼여행을 다녀왔다. 이후 윌리엄은 안식년을 맞아 미국으로 떠난 스크랜튼을 대신하여 시병원에서 진료했고, 로제타는 보구여관에서 진료했다. 두 사람은 이웃하고 있는 병원에서 3개월의 행복한 나날을 보냈다. 이후 감리교 본부는 선교사의 선교지역을 결정함에 있어 윌리엄은 평양에서, 로제타는 서울의 보구여관에서 의료 사역을 하는 것으로 배정했다.

윌리엄에게 평양은 한국 도착 후 이미 여러 번 선교를 위해 간 적이 있는 지역이었다. 1892년 3월 4일 윌리엄은 존스 목사와 처음으로 선교 여행을 떠났는데, 이때 그는 평양에 대해 사람들의 성향이 저항적이고, 기생이 유명할 정도로 향락적인 동시에, 주민의 태반이 자립적 중산층으로 새로운 문화에 개방적이기 때문에 복음이 필요한 도시이자 선교가 용이한 곳으로 판단했다. 게다가 평양은 인구가 10만이 넘으며, 상대적으로 부유하고, 서울과 북경을 연결하는 길에 위치하고 있어서 도로가 비교적 잘 정비되어 있고 해상 교통 또한 용이하다고 했다.* 이러한 이유로 윌리엄은 평양이 내륙 선교지로서 가장 적합한 장소가 될 수 있다고 선교부에 자신의 생각을 전달했다.

윌리엄은 선교 본부의 결정에 따라 1892년 9월 30일 평양에 도착하여 주막에 자리를 잡고 환자 진료를 시작했다. 평양 사람들은 청나라와의 무역에 종사하는 상인이 많아서 대부분 거칠고 반항적이었으나, 외부 문화의 수용에 개방적이었고 쇠락해 가는 조선 왕조의 지배 이념에 실망하여 새로운 가치를 갈구하고 있었다. 그래서 평양에서의 기독교는 윌리엄이 선교로 마른 장작에 불이 붙듯 급속하게 퍼져 나갔다.**

1892년의 또 한 해가 지나는 동안 에스더는 병원에서의 봉사를 하나님의 목적을 위한 일이라고 생각하고 이를 감당할 정도로 신앙도 깊어졌으며, 능력을 인정받아 병원에서의 역할도 점

* 셔우드 홀, 앞의 책, p. 100.

** 박정희, 앞의 책, p. 281.

점 중요해졌다. 에스더는 녹색 실크 코트(필자 주: 장옷)를 입고, 낮이나 밤이나 로제타 홀의 지시에 따라 환자의 집으로 가서 의료 행위를 펼쳤다. 당시 한국 사회에서 규중 여성이 시간에 구애받지 않고 혼자 길을 다니는 것은 위험했으며 바람직하지 못한 행동으로 지탄의 대상이 되기도 했다. 그러나 에스더는 때때로 혼자 길을 가다가 모욕을 당해도 하나님을 위해 일하고 있다고 믿었기 때문에 전혀 거리끼지 않았다. 당시 에스더는 로제타에게 다음과 같은 편지를 썼다.

> 당신은 우리나라 사람들이 하나님을 믿을 때 즐겁습니까? 저 역시 정말 기쁩니다. 얼마나 기쁜지 당신에게 이루 말할 수 없습니다. ……(중략)…… 제가 만약 하나님에 대한 생각을 견지하지 않았다면, 이 일들을 할 수 없었을 것입니다. 제게 어떠한 어려운 일이 일어났을 때, 하나님이 이 세상에 어떻게 오셨는지, 하나님이 모든 사람을 어떻게 치료하셨는지를 생각하면 제가 해야만 하는 모든 것을 할 수 있습니다.*

---

* 『WFMS Report』, Vol. 24, 1893, p. 79.

이런 생각으로 보구여관에서 조수로 활동하고 있는 에스더에 대해 스크랜튼 대부인 역시 "본래 에스더의 성격은 까다로워 역겨운 것을 싫어했는데 예수님 때문에 이 모든 일을 하겠다고 결심한 후 사역에 임하고 있다."라고 하면서 큰 기대를 걸었다.*

윌리엄이 평양과 그 이북 지역에서 선교 사업을 하는 동안 로제타도 1893년 3월 15일부터 서울 동대문에 진료소(일명 볼드윈 진료소)를 열고 매주 화요일과 금요일 두 번씩 그곳에서 진료를 했다. 로제타는 외국인 거주지인 정동에 일반 여성들의 접근이 쉽지 않고, 도움을 필요로 하는 여성들은 사대문 밖에 훨씬 많다는 이유로 동대문 진료소에서의 의료 활동에 의미를 두었다. 성벽과 이웃해 문을 연 동대문 진료소는 로제타의 예상대로 발전을 거듭했다.**

서울에 돌아온 윌리엄은 다시 평양으로 갈 때 로제타와 함께 가기를 원했다. 로제타도 같은 생각이었다. 다행히 미국 미시간주 그랜드래피즈에서 태어나 미시간 의과대학을 졸업한 메리 커틀러Mary M. Cutler(1865~1948)가 보구여관을 맡아줄 새로운 여의사로 부임하기로 되어 있었다.

---

* 『WFMS Report』, Vol. 24, 1893, p. 79.

** Rosetta S. Hall, 「Medical Work for Women in Korea」, 『Missionary review of the World』, 1892, p. 58; 박정희, 앞의 책, p. 288.

결혼과
평양에서의 의료 선교 활동

에스더는 1893년 5월의 결혼, 1894년 5월 평양에서의 의료 활동, 1894년 12월 미국으로의 유학 등 2년이 안 되는 시간 동안 많은 변화를 겪었다. 인생의 갈림길에서 에스더는 자신의 의지로 적극적으로 자신이 해야 할 바를 정확히 판단하여 실천에 옮겼다. 결과적으로 로제타의 도움으로 미국으로 유학할 수 있었으며, 남편 박여선의 외조에 힘입어 자신이 보구여관에서 수술을 보조하면서 결심한 의사로서의 꿈에 실질적인 한 발을 내딛게 됐다.

결혼하여 믿음의 가정을 이루다

에스더의 나이가 16살이 되자 가족들은 당시로서는 결혼 적령기를 넘기고 있는 에스더를 걱정하기 시작했고, 진료소의 환자들까지 에스더가 결혼을 하지 않는 것을 이상하게 여겼다. 당시 한국에서는 무당이나 병에 걸린 여자가 아니면서 16살이 넘도록 결혼을 하지 않는다는 것은 충분히 이야깃거리가 됐다.

1892년 가을이 되자 에스더의 어머니는 그녀가 결혼을 하지 못하고 또 한 해를 넘기게 될까 속이 타들어갔다. 에스더의 어머니는 담판을 짓기 위해 학교에 찾아가 스크랜튼 대부인에게 만약 선교사들이 에스더의 신랑감을 찾아주지 않으면 더 나이가 들기 전에 하나님을 믿지 않는 남자와라도 결혼을 시키겠다고 단언했다. 이때 에스더는 로제타에게 보낸 편지에서 그 상황에 대해 다음과 같이 썼다.

> 어머니가 오셔서 저를 만난 후 스크랜튼 선생님과 제 얘기를 나누었습니다. 제 어머니는 제가 더 이상 병원에 내려가는 것을 원치 않으셨습니다. 하지만 저는 이번 겨울까지만 당신을 돕게 해달라고 사정했습니다. 그래서 어머니는 이번 겨울까지만 일할 것을 허락했습니다. 그런데 병원에

가지 못하게 되면 당신을 보지 못하게 될까 두렵습니다. 당신을 돕지 못하게 되면 당신과 헤어지는 것처럼 느껴질 것입니다. 하지만 당신은 제가 결혼을 한 뒤에도 당신을 도울 수 있으리라 믿고 있습니다. 제 가슴이 얼마나 뛰고 있고 얼마나 할 말이 많은지 당신이 그곳을 들여다보고 느꼈으면 좋겠습니다. 제가 저의 사랑하는 언니를 돕지 못하면 얼마나 가슴이 아플까요. 저 또한 결혼을 한 이후에도 당신을 도울 수 있으리라 믿습니다. 의주든 평양이든 어디든 당신이 가는 곳이면 저를 데려가 돕게 해주세요. 나중에 더 얘기하겠습니다.

당신의 사랑스런 동생, 에스더*

스크랜튼 대부인을 비롯한 선교사들은 에스더가 기독교 신앙이 없는 사람과 결혼하게 될 것을 우려하여 서둘러 신랑감을 찾았다. 그러나 오히려 당사자인 에스더는 '언젠가 미국에 가서 의학을 공부하겠다.'는 자신의 꿈에 지장이 생길까 봐 결혼 이야기만 나오면 피했다.** 그리고 에스더는 신랑 얼굴도 한 번 보지 못하고 하는 결혼에 대해 아주 혐오하면서 미국 여성들처럼

* 에스더가 로제타에게 보낸 편지, 1892년 10월 22일.

** Rosetta S. Hall, 앞의 책, p. 202.

스스로 선택하여 결혼할 수 있기를 바랐다.* 그러나 당시 한국 상황에서 에스더의 바람은 이루어지기 어려웠다.

이렇게 에스더의 결혼이 주요 이야깃거리가 되고, 에스더의 신랑감을 구하는 것이 선교사들의 급한 과제가 되면서 1892년이 저물고 1893년이 됐다. 로제타는 1892년 한 해 동안 에스더가 영적으로 많이 성장했다고 하며 다음과 같이 일기에 적고 있다.

> 에스더는 평소 싫어하던 바느질도 스스로 하고, 벵겔 선생에게 배우는 오르간도 열심히 연습하여 제법 잘 연주하게 됐다. 성질도 온순해졌고, 실수도 거의 하지 않게 됐다. 성서 공부를 열심히 하여 다른 사람들에게 설명도 아주 잘 할 정도가 됐다. 게다가 자신의 길을 잘 분별하고 있는 듯하고 더욱 현명해지고 있다. 그녀의 외모나 태도도 갈수록 나아지고 있는데, 점점 더 이지적으로 보이고, 태도 또한 여성적으로 변화하고 있어서 나에게 에스더는 정말로 아름답고 장래가 기대되는 학생이다.**

---

* 로제타 홀 일기, 1892년 어느 날.

** 로제타 홀 일기, 1893년 3월 28일.

에스더는 10살부터 6년째 이화학당이라는 공간에서 일반 한국 소녀들이 성장하면서 경험하고 배우는 가치관이나 지식과는 다른 기독교 신앙과 신학문을 습득하면서 성장하고 있었다. 1892, 1893년경에 결혼하여 학당을 떠난 여성들은 병원과 진료소를 중심으로 전도 활동을 하거나, 한국인 전도사들과 결혼하여 함께 전도 활동을 하고 있었다. 이 무렵에는 학생들이 기독교인과 결혼하여 신실한 기독교 가정을 꾸미는 것만으로도 이미 충분한 성과라고 이야기할 만했다. 그들은 같은 이상과 신앙을 가지고 서로 사랑하고 존경하며, 부부가 함께 같은 신념으로 봉사활동을 함으로써 전통 사회에서 볼 수 없었던 새로운 가정의 모습을 창조해냈다. 그리고 다른 사람들에게 기독교의 사랑을 전하고 성경을 읽어줌으로써 자신들의 사명을 다하고 있었다.*

1893년에 들어서서 에스더의 신랑감을 찾는 중에, 로제타의 남편인 윌리엄은 자신에 의해 기독교로 개종한 박여선(1868~1900)**을 에스더의 신랑감으로 추천했다. 윌리엄이 추천한 박여

---

* 이화100년사편찬위원회 엮음, 앞의 책, pp. 80-81.

** 박에스더의 남편의 이름은 미국 선교사들의 보고서 및 일기에서 'Yousan Pak'으로 명기된 것을 한국말로 읽는 과정에서 박유산, 박여산, 박여선 등 다양하게 불리게 됐다. 주차미국특명전권공사 이범진은 광무원년(1897년) 10월 13일 학업을 위해 미국 내에 거주하고 있는 21명의 명단을 조사하여 보고서를 올렸는데, 이 21명의 명단에 "朴汝先, 朴汝先妻"가 기록되어 있다. 이로써 박에스더의 남편의 이름은 박여선임이 확인된다(『駐美來

선은 윌리엄이 1892년 가을 순회 선교를 위해 평양으로 갈 때 마부로 고용한 사람이었다. 박여선의 아버지는 지방의 훈장으로 아들인 박여선을 공부시키고자 노력했으나, 공부에 뜻이 없던 박여선은 자주 집을 뛰쳐나왔고 서울로 올라와 가족 친지의 주선으로 마부 일을 하고 있었다. 당시 한국 사회에서는 시골로 가는 여행에서 말을 돌보는 사람을 따로 고용했는데, 박여선이 윌리엄의 마부로 고용되어 평양을 함께 가게 됐던 것이다.

박여선은 1892년 윌리엄과 평양으로 함께 가면서 여러 면에서 감명을 받았다. 윌리엄은 한국 여관이 미국 여관과 비교해서 매우 불편했을 텐데도 하나님을 위한 일이라면서 모든 것을 즐거워했다. 그리고 윌리엄은 저녁을 먹기 전 피곤함에도 불구하고 항상 함께 기도하고 성경을 읽었으며, 일요일에는 아무리 날이 좋아도 성경 말씀에 따라 길을 떠나지 않은 채 안식을 취하며 하나님께 예배를 드렸다.

박여선은 하나님의 말씀에 따라 행동하고 모든 사람에게 온화한 태도로 하나님을 알리는 윌리엄의 인품에 끌리게 됐고 기독교에 관심을 가지게 됐다. 윌리엄은 박여선에게 성경을 가르쳤고, 박여선이 성실한 것을 보고 평양에서 돌아온 이후에도 자

去案』 2책(奎18061-2), 1905 참조).

신의 일꾼으로 고용했다. 박여선은 윌리엄의 주선으로 학교에 다니며 한글, 한자, 영어 등을 배우면서 선교 사업을 돕게 됐다. 이후에도 박여선은 윌리엄과 함께 여러 차례 평양에 갈 기회가 있었다.

박여선은 성경에 흥미를 가지게 됐고 구세주에 관하여 더욱 배우고 싶어 했다. 윌리엄은 이러한 박여선을 좋게 평가하면서, 한번은 순회 전도를 하고 서울로 올라온 후 "당신은 당신의 마음 안에서 하나님을 사랑하는가?"라고 물었다. 박여선이 그렇다고 대답하자, 다시 결혼을 원하지 않느냐고 물었다. 그러자 박여선은 주저 없이 결혼하고 싶다고 대답했다. 윌리엄은 박여선에게 좋아할 만한 신붓감이 하나님을 중심으로 섬기면서 일하는 여자인지, 아니면 그 자신을 위해 음식과 바느질을 잘할 수 있는 여자인지를 물었다. 박여선은 윌리엄이 이러한 질문을 하는 것을 매우 이상하다고 생각했으나, 하나님을 위해 일할 수 있는 아내가 더 좋다고 말했다.*

윌리엄은 박여선의 뜻을 확인하고 로제타에게 의논했다. 로제타가 본 박여선은 26살에 키가 크고 잘생겼고, 온화하고 겸손

---

* Mattie W. Noble, 한국기독교역사연구소 엮음, 『The Journals of Mattie Wilcox Noble 1892–1934』, 서울: 한국기독교역사연구소, 2003, p. 31; Rosetta S. Hall, 앞의 책, pp. 392–395.

하며 수줍음을 잘 타는 청년으로, 한글을 잘 읽고 한자도 제법 알고 있었다. 로제타는 일 년 넘게 에스더에게 맞는 신랑감을 보내달라고 주님께 간구했으나, 몇 명의 후보는 하나같이 게으르고 정직하지 않아 마땅한 사람을 발견하지 못한 상황이었다. 박여선을 관찰한 로제타는 정직하고 신실한 성품에 발전 가능성을 갖춘 그가 하나님께서 보내주신 사람으로, 에스더가 그를 독실한 크리스천으로 만들 수 있을 것이고, 두 사람이 협력해서 민족을 위해 훌륭한 일을 할 수 있으리라고 믿었다.*

반면 에스더의 어머니는 에스더가 양반이 아닌, 한때 떠돌이 노동자였던 사람과 결혼하는 것을 좋아하지 않았다. 그러나 그의 아버지가 훈장이었고, 5년 전에 돌아가셔서 박여선이 여동생과 남동생을 먹여 살리기 위해 어떤 일이든 할 수밖에 없었다는 것, 그리고 지금 학교에 다니며, 그의 마음이 착하다는 것은 마음에 들어 했다. 에스더는 누구나 결혼을 해야 하는 한국 현실에서 하나님을 믿는 청년이라는 점에 수긍하고 박여선과의 결혼을 결심했다. 이때 에스더의 심정을 로제타에게 쓴 편지를 통해 살펴볼 수 있다.

---

* 로제타 홀 일기, 1893년 4월 39일.

당신은 제가 무슨 생각을 하고 있는지 아십니까? 3일 동안 저는 뜬눈으로 고민했습니다. 왜냐하면 저는 남자를 결코 좋아하지 않을 뿐 아니라 바느질도 잘 못합니다. 그러나 우리 관습은 결혼을 해야 합니다. 이 점은 저도 어쩔 수 없습니다. 하나님께서 박 씨를 저의 남편으로 삼고자 하시면 저의 어머니가 그를 좋아하지 않는다 해도 저는 그의 아내가 될 것입니다. 그의 지체가 높고 낮음이 무슨 소용이 있겠느냐고 어머님께 말씀드리겠습니다. 저는 부자이거나 가난하거나 지체가 높고 낮음을 개의치 않습니다. 제가 예수님의 말씀을 믿지 않는 사람과는 결혼하지 않을 줄 당신은 알고 있지 않습니까. 제가 결혼한다고 생각하니 참 묘한 느낌이 듭니다.*

이 편지를 읽은 로제타는 자신의 일기에 "사랑하는 에스더, 그녀는 날이면 날마다 나에게 새로운 인생을 배우게 한다. 나는 그녀를 정말 사랑한다."라고 적으며, 어리지만 훌륭한 신심을 가진 에스더에 대한 각별한 사랑을 표현했다. 로제타는 에스더도 그녀의 아버지가 스크랜튼 대부인에게 맡기지 않았더라면

* 셔우드 홀, 앞의 책, p. 121.

이렇게 자랄 수 없었을 것이라고 하면서, 박여선은 그런 기회가 없었을 뿐으로 환경이 바뀌면 그도 에스더만큼 훌륭해질 것이라고 믿었다. 또한 기독교인인 아내 에스더와 기독교 신앙이 박여선을 어떻게 변화시키는지 앞으로 보게 될 것이라고 기대했다.*

윌리엄 홀 부부의 중매로 17세 에스더는 26세 박여선과 1893년 5월 5일 약혼하고, 5월 24일 기독교 예식으로 결혼했다. 물론 에스더와 박여선은 결혼 전에 서로 보지 못했다. 그러나 결혼 후 박여선은 부드럽고 사랑스럽고 진실한 부인을 얻은 것을 알게 됐다.

에스더는 박여선과 함께 성경을 읽고 기도했으며, 많은 인내와 자기부정에 대한 학습을 박여선에게 가르쳤다. 박여선은 더욱더 진실한 기독교 신자가 될 것을 결심했고 자신의 죄를 회개했으며, 성스러운 마음을 가지고자 노력하는 하나님의 자녀가 됐다. 이제 하나님을 믿는 신앙의 부부가 한 쌍 탄생했다.**

---

* 셔우드 홀, 앞의 책, pp. 120–121.

** Rosetta S. Hall, 앞의 책, pp. 392–395.

박에스더와 박여선의 결혼 사진(양화진문화원 제공)

평양 의료 선교 활동에 참여하다

결혼 후에도 에스더는 의학 공부를 소홀히 하지 않았다. 스스로를 '장옷'에 숨겼던 에스더는 결혼 후 로제타가 환자의 집으로 왕진을 갈 때 자유롭게 동행할 수 있게 됐고, 결혼한 부인의 상징인 쪽진 머리를 한 후 사람들로부터 더욱 큰 존경과 신뢰를 얻게 됐다.

로제타는 1893년 3월경부터 남편 윌리엄의 사역지인 평양으로 이주하여 그곳 여성들을 상대로 선교하려는 계획을 세우고 있었다. 로제타는 에스더에게 자신의 생각을 말하며 함께 평양에 가서 일해볼 생각이 있느냐고 물었다. 그러자 에스더는 "저는 주님이 제게 문을 여는 곳이라면 어디든 갈 것입니다. 주님께서 평양에 문을 여신다면 저는 갈 것입니다. 제 몸과 영혼 그리고 마음 모두 주님의 것이며, 우리 민족에게 하나님을 가르치기 위해서라면 목숨이라도 내놓을 것입니다. 저는 예쁜 것을 가지고 싶은 마음도, 부자가 되고 싶은 마음도 없고 오직 예수님을 위해 일하고 싶을 뿐입니다."라고 하면서 자신의 의사를 분명하게 밝혔다.*

---

* Rosetta S. Hall, 앞의 책, p. 205; 「The Story of the First Korean Woman Doctor」, p. 270.

1893년 9월 선교회의 연례회의에서 로제타와 윌리엄 모두 평양 선교 책임자로 임명됐다. 그들은 이 결정을 매우 감사한 마음으로 받아들였다. 그러나 로제타가 출산을 앞두고 있었고, 정세도 안정되지 않아 이들이 곧바로 평양으로 갈 수는 없었다.* 1893년 11월 10일, 로제타와 윌리엄의 아들 셔우드 홀이 서울에서 태어났다.

셔우드가 어느 정도 자라자 1894년 5월 4일 로제타는 남편을 따라 평양으로 선교 활동을 떠나게 됐고, 에스더 부부도 선교 사업에 보조로 참여하게 됐다. 이들은 제물포에서 평양으로 가는 배가 고기잡이 배였던 까닭에 배 안에 머무는 동안 생선 썩는 역한 냄새를 견뎌야 했고, 태풍으로 인근 섬으로 피신하느라 오랫동안 배를 타게 되어 뱃멀미를 심하게 했다. 윌리엄의 선교 일행은 5월 8일 오후가 되어서야 평양으로 들어갈 수 있었다.**

당시 평양은 로제타가 '한국의 소돔'이라고 부를 만큼 기독교에 대한 박해가 심한 지역이었다. 5월 9일 평양 관아는 홀 부부의 여권이 여행용이므로 평양 거주를 허락할 수 없다고 했다. 또한 당시 부산, 인천, 원산의 개항장을 제외하고는 외국인이

---

* 박정희, 앞의 책, p. 291.

** Rosetta S. Hall, 앞의 책, pp. 205–206; 「The Story of the First Korean Woman Doctor」, pp. 270–271.

부동산을 취득하는 것이 법적으로 금지되어 있었기 때문에 홀 부부가 머무를 집의 소유 여부에 대해서도 심문했다. 평양 관아는 5월 10일부터 홀 부부를 돕고 있던 김창식, 장로교 평양 지역 선교 책임자 새뮤얼 모펫Samuel A. Moffett(1864~1939) 목사를 돕고 있던 한석진 등 한국인 기독교인들을 감옥에 가두며 박해를 가했다.

윌리엄은 서울에 있는 선교사 단체와 주한 영국 영사관 및 미국 공사관에 평양의 상황을 전하며 도움을 요청했다. 5월 10일 스크랜튼, 영국 총영사 대리 크리스토퍼 가드너Christopher T. Gardner(1842~1914), 미국 총영사 존 실John M. B. Sill(1831~1901), 모펫 등도 서울에서 한국 외무부 쪽에 수감자들의 석방과 홀 가족의 보호를 요청하고 있었다.

윌리엄은 미국 북감리교에서 파견한 선교사이지만 국적은 캐나다인이었고 캐나다는 1926년까지 영국령이었으므로 당시 윌리엄은 공식적으로 영국 시민이었다. 또한 로제타도 윌리엄과 결혼하면서 미국 시민권을 상실하여 법적으로는 영국인이었다. 이런 이유로 영국 영사가 이들의 안전을 책임지고 한국 정부와 교섭을 했던 것이다.

이런 와중에도 평양 간수들은 돈을 주지 않으면 갇혀 있는 한국 기독교인들을 매질하겠다고 계속 협박했다. 평양 관아의 협

박에 겁이 난 이전 집주인 김 씨는 집문서를 받아가겠다며 홀 부부의 집에 와서 박여선이 눈에 띄자 상투를 잡고 때리고 발로 차며 행패를 부렸다.*

5월 11일 정오 무렵, 서울에 있던 가드너 영사는 '한국 외무부가 구속된 모든 기독교인을 석방하라고 평양 관아에 명령했다'는 내용의 전보를 보냈다. 그러나 평양의 관찰사인 민병석은 왕비의 친척인 세도가 출신으로, 이런 외무부의 편지에도 전혀 개의치 않았다. 이 와중에 평양 사람들은 홀 부부의 집에 돌을 던졌고, 기독교를 배교하라는 평양 관아의 명령을 따르지 않은 김창식과 한석진은 곧 참수될 것이라는 소문을 퍼뜨렸다.

외무부는 평양 관아에 구속된 한국인 기독교인을 석방하라는 전보를 계속해서 보냈고, 상황이 긴박해지자 장로교 목사인 모펫과 윌리엄 매켄지William J. McKenzie(1861~1895)가 11일 평양으로 출발했다. 그리고 그날 저녁이 되어서야 김창식과 한석진은 석방되어 처참한 모습으로 집으로 돌아왔다.**

이렇게 박해를 당하는 과정에서도 평양의 여성들은 5월 9일부터 계속 서양인 여자와 아기를 구경하기 위해 홀 부부의 집으

---

* 「The Story of the First Korean Woman Doctor」, p. 271; 박정희, 앞의 책, p. 38; pp. 47-49.

** 박정희, 앞의 책, pp. 52-55.

로 찾아왔다. 이들은 홀 부부의 아들 셔우드의 높은 코와 파란 눈이 신기하다고 하면서도 사랑스럽다고 말했고, 로제타에게도 호감을 표시했다.*

3일간의 박해가 끝나자 로제타는 평양에서의 불안한 상황을 개선시키기 위해서라도 하루빨리 의료 사업을 시작해야 한다고 생각하고 5월 15일부터 환자를 받기 시작했다. 그러나 서울의 영국 영사관과 선교부는 평양의 상황이 로제타와 아기가 머물기에 적합하지 않다는 결론을 내렸다. 5월 23일 영국 영사 가드너의 지시를 받고 로제타와 아기를 서울로 데려가기 위해 스크랜튼이 평양에 도착했다. 스크랜튼이 평양에 도착한 시기는 평양 관아와 선교사들의 관계가 호전된 시기로, 평양 관아가 선교사들이 구입한 집의 소유권을 인정한 상태였다.

그 무렵 남쪽에서 농민군이 봉기했다는 소식이 들려왔고, 농민군을 진압하기 위해 평양의 관군들을 남쪽으로 수송할 기선이 도착했다는 소식도 들렸다. 윌리엄은 한국의 정세가 어지러운 가운데 가드너 영사의 지시를 어기면서까지 아내와 아들을 평양에 계속 머무르게 할 수 없다고 판단했다. 결국 모두 철수하기로 결정했다.

---

* 셔우드 홀, 앞의 책, pp. 139-141.

홀 가족은 에스더 부부, 셔우드의 보모인 실비아와 함께 6월 11일 제물포에 도착했다.* 이 시기는 정부의 요구로 동학농민군을 진압하기 위해 청군과 함께 들어온 일본군이 전주화약으로 동학운동이 마무리됐음에도 불구하고 자신의 나라로 돌아가지 않고 있었던 시기로, 이후 일본이 한국 정치의 개선을 요구하며 궁궐을 장악하면서 청나라와 일본 간 긴장 관계가 고조되었다. 6월 말 청일전쟁이 발발하자 일본과 청나라 군대의 격전지는 그야말로 참혹하게 됐다.

이런 와중에 에스더가 1894년 9월 초 아기를 낳았다. 몸무게가 겨우 1.8kg밖에 되지 않는 사내아이였는데, 아기는 태어난 지 36시간 만에 사망했다. 임신 중에 평양으로 가면서 고생을 했고, 평양에서 3일간 두려움 속에서 박해를 받았으며, 시국이 불안하여 한 달 만에 서울로 되돌아오게 되는 과정을 겪으면서 심신이 고달팠던 에스더가 미숙아를 낳은 것으로 추측된다.**

1894년 9월 15일 벌어진 평양 전투는 청일전쟁의 분수령이 됐다. 일본이 승기를 잡았고 청은 패배했다. 10월 1일 윌리엄은 평양에서의 전쟁이 사실상 끝났으므로 하루빨리 그곳으로 돌아

---

* 셔우드 홀, 앞의 책, pp. 155–161.

** 로제타 홀 일기, 1894년 9월 10일.

가야 한다는 생각에 서둘러 평양으로 떠났다. 그리고 10월 8일에 평양에 안전하게 도착했다고 로제타에게 편지를 보냈다.*

당시 평양에는 얕게 판 구덩이에 청군의 시체들이 여기저기 흩어져 있었고, 제대로 묻히지 않은 사체 일부가 밖으로 드러난 곳도 많아 그 참상은 말로 표현할 수 없는 지경이었으며, 악취 또한 끔찍했다. 그러한 환경에서 윌리엄은 아침부터 저녁까지 숨 쉴 틈도 없이 바쁘게 부상자와 전염병 환자를 돌보았고, 이전에 설립했던 광성학교도 다시 열었다. 매일 예배를 인도했으며, 몇 달 동안 교리 공부를 해왔던 4명에게 세례도 베풀었다.**

열악한 환경에서 몸을 돌보지 못할 정도의 격무로, 당시 평양에 머물렀던 선교사들은 모두 말라리아에 걸렸으며 그중 윌리엄의 증상이 가장 심각했다. 평양의 선교사들은 서울로 돌아오기로 했다. 제물포에 도착할 즈음 윌리엄의 증세는 호전된 듯 보였으나 배 안에서 다시 발진티푸스에 감염되어 고열에 시달렸다.

병에 걸려 평양을 떠난 윌리엄은 적절한 치료도 받지 못한 채 서울에 도착하는 데 9일이나 걸렸다. 그 사이 윌리엄의 병세는

---

*　윌리엄 홀 박사의 편지, 1894년 10월 8일.

**　셔우드 홀, 앞의 책, pp. 167–171.

점점 악화됐다. 1894년 11월 19일 서울에 도착한 윌리엄을 로제타가 있는 힘을 다해 치료했지만, 11월 24일에 결국 숨을 거두고 말았다. 로제타는 커다란 슬픔 속에서 윌리엄을 양화진에 묻었다.*

남편이 죽자 로제타는 미국으로 돌아가기로 결심했고, 에스더는 오랜 염원이던 미국에서의 의학 공부를 위하여 자기도 데려가 달라고 간청했다. 로제타는 에스더에게 의학 공부를 할 수 있는 기회가 온 것이라고 생각하여 선교부의 허락을 받고 지인들로부터 재정적 도움을 받아 그녀를 미국으로 데려가기로 결정했다. 또한 로제타는 에스더를 그녀의 남편인 박여선과 오랫동안 떨어져 살게 하는 것이 좋지 않을 것이라 생각하여 둘을 같이 데려가는 것으로 결정했다. 박여선은 로제타의 집에서 일을 도우며 시간이 나면 영어를 배울 수 있을 것이고, 에스더는 일단 리버티의 학교에 다니다가 장차 의과대학에 진학하여 언젠가 의료 선교사가 되어서 한국으로 돌아올 수 있을 것으로 기대했다.**

임신한 상태였던 로제타는 자신의 어린 아들 셔우드 홀, 에

---

* 셔우드 홀, 앞의 책, pp. 171–176.

** 로제타 홀의 이디스 육아일기, 1894년 12월 10일.

스더 부부와 함께 1894년 12월 7일 서울을 떠나 일본에서 증기선을 타고 태평양을 건너 샌프란시스코에 도착한 후, 다시 뉴욕으로 가는 기차를 탔다. 1895년 1월 14일 드디어 로제타의 고향인 리버티 집에 도착했다. 리버티에는 로제타의 가족과 아버지 로즈벨트가 황무지를 일구어 만든 농장이 있었다.*

에스더는 1893년 5월의 결혼, 1894년 5월 평양에서의 의료활동, 1894년 12월 미국으로의 유학 등 2년이 안 되는 시간 동안 많은 변화를 겪었다. 인생의 갈림길에서 에스더는 자신의 의지로 적극적으로 자신이 해야 할 바를 정확히 판단하여 실천에 옮겼다. 결과적으로 로제타의 도움으로 미국으로 유학할 수 있었으며, 남편 박여선의 외조에 힘입어 자신이 보구여관에서 수술을 보조하면서 결심한 의사로서의 꿈에 실질적인 한 발을 내딛게 됐다.

---

* Rosetta S. Hall, 앞의 책, p. 207; 셔우드 홀, 앞의 책, p. 177; 「The Story of the First Korean Woman Doctor」, p. 271; 박정희, 앞의 책, 319–324.

미국에서의 생활과 의학교육

박에스더는 이국땅에서 남편을 잃은 가슴 아픈 상황에서도 좋은 성적으로 시험을 통과했으며, 마침내 미국에서의 여러 차례 좌절을 딛고 한국 최초의 여의사가 됐다. 이는 자신의 힘든 처지를 의사로서의 소명감과 신앙으로 이겨내려는 의지, 그리고 남다른 노력이 있었기에 가능했다. 또한 남편의 죽음에도 불구하고 다시 한국으로 돌아가 의료 선교사로서의 임무를 수행하는 로제타 홀의 모습을 보면서도 깨달은 바가 있었기에 가능했던 것으로 보인다.

볼티모어 여자의과대학에 입학하다

에스더 부부와 로제타 홀 가족이 로제타의 고향 리버티에 도착한 후, 나흘 뒤인 1895년 1월 18일 로제타는 딸 이디스를 낳았다. 이때 에스더는 로제타의 옆을 지키면서 출산을 돕고 이디스를 씻기고 배냇저고리를 입혔다.*

에스더는 미국에 도착했으나 의과대학에 입학하기까지의 과정이 그렇게 수월하지만은 않았다. 보구여관에서 로제타에게 배운 기본적인 의학 이론과 실습 경험은 중요한 도움이 됐지만 의과대학을 가기 위해서는 더 많은 준비를 해야만 했다. 1895년 2월 1일 에스더는 뉴욕 리버티의 공립학교에 입학하여 미국 고등학교 과정을 밟았다. 이때부터 에스더는 여자가 결혼하면 남편의 성을 따르는 미국 관습에 따라 박에스더로 불리게 됐다.

에스더는 주중에는 리버티 시내에서 하숙하며 학교에 다니고 주말에는 리버티의 농장으로 돌아왔다. 한국에서는 선교 위주의 학습이라 내용이 단순했지만, 미국에서는 매달 과외 비용을 지불하며 친구 집에서 합숙하거나 기숙사에서 공부를 하면서 실력을 높여야 했다. 이러한 노력으로 에스더의 학교 성적은 점

---

* 박정희, 앞의 책, pp. 327–328.

점 좋아졌다. 에스더가 한 학기 동안 리버티의 고등학교를 다닌 결과, 미국의 보통 고등학교 졸업생에 비해 학력이 크게 뒤지지 않는다는 평가를 받았다. 에스더가 고등학교를 다니는 동안 남편 박여선은 로제타의 아이들을 돌보고 농장의 허드렛일을 거들며 월급을 받아 아내의 공부를 뒷바라지했다.*

방학이 되자 에스더와 박여선은 1895년 7월 10일, 로제타가 두 아이를 데리고 리버티의 집을 떠나 캐나다로 가는 여행길에 합류했다. 이 여행은 로제타가 한 번도 본 적 없는 시부모, 즉 윌리엄 홀의 아버지와 어머니를 만나러 가는 것이었다. 7월 24일, 로제타 일행은 캐나다 온타리오주 글렌부엘에 있는 윌리엄의 부모님 농장에 도착했다. 윌리엄의 친지들은 7월 31일 글렌부엘 교회에서 연회를 열어 로제타 일행을 환영했다.

8월 4일 주일 저녁, 글렌부엘 교회에서 특별한 예배가 진행됐다. 박여선이 한국어로 성서를 봉독하고 에스더가 한국어로 찬송가를 불렀다. 로제타는 선교를 위해 처음 평양에 도착했을 당시의 박해 경험을 간증했으며, 에스더 또한 자신의 개종과 성령 체험에 대해 이야기했다. 담임 목사는 색동 한복을 입은 셔

---

* Rhoda K. Pak, M.D., 「Medical Women in Korea」, 『Journal of the American Medical Woman's Association』, Vol. 503, 1950, p. 116; Rosetta S. Hall, 앞의 책, p. 207; 셔우드 홀, 앞의 책, p. 177; 「The Story of the First Korean Woman Doctor」, p. 271.

우드를 모든 사람이 잘 볼 수 있도록 제단 위에서 소개했다. 똑같은 형식으로 인근의 린과 아테네 교회에서도 예배를 드렸다. 참석한 모든 사람이 큰 감동을 받았고, 에스더의 학비에 보태라며 돈을 모금해 주었다. 로제타 일행은 글렌부엘에서 5주를 머문 뒤 9월 5일 미국으로 출발했다.* 에스더와 박여선에게 캐나다 여행은 윌리엄 홀의 고향에 가서 박여선을 기독교 신앙으로 이끌고 부부의 연을 맺게 해준 윌리엄의 가족 친지를 만나 자신들의 경험을 나누는, 그리고 에스더의 미국에서의 교육에 대해 격려를 받는 시간이 됐다.

다시 리버티로 돌아온 후 에스더는 1895년 10월 1일부터 뉴욕시의 유아병원Nursery and Child's Hospital에 취직하여 50여 명의 아기가 입원해 있는 소아병동에서 일 년 남짓 수간호사를 보조하며 생활비를 벌었는데, 에스더는 이 일을 아주 잘해냈다. 한편 에스더는 라틴어, 물리학, 수학을 개인교습 받으며 의과대학에 가기 위한 준비를 했다.** 에스더는 병원에서 근무하며 의대 입시를 준비하던 중 두 번째 조산을 했고, 또 다시 아이를 잃었다. 에스더는 또 한 번의 시련을 극복하며 1896년 가을 볼티

---

* 셔우드 홀, 앞의 책, p. 181; 박정희, 앞의 책, pp. 330-333.

** 셔우드 홀, 앞의 책, pp. 179-181; 「The Story of the First Korean Woman Doctor」, p. 271; 박정희, 앞의 책, p. 411; 로제타 홀의 이디스 육아일기, 1895년 10월 18일.

박에스더 부부와 로제타 홀 가족(양화진문화원 제공)

모어 여자의과대학Baltimore Woman's Medical College에 입학했다.*

에스더는 1896년 10월 1일 볼티모어 여자의과대학에 최연소 학생으로 입학하여, 의학을 공부하는 한국 최초의 여성이 됐다.** 볼티모어 여자의과대학은 1882년 설립됐을 당시에는 2년제 의학교로 개교했으나, 점차 3년제, 4년제로 학제가 바뀌어갔다. 에스더가 입학할 당시인 1896년은 4년제가 처음으로 도입된 시기였다.***

1896년 9월 로제타는 국제 의료 선교회에서 일하게 되어 두 아이와 박여선을 데리고 뉴욕으로 이사했다. 이렇게 미국에서 로제타와 에스더가 각자의 일을 하고 있던 시기에, 한국 평양에서는 1897년 2월 1일 '윌리엄 홀 기념병원(일명 기홀병원)'이 개원됐다. 이 병원은 선교회로부터 경제적 도움을 받지 않고, 세상을 떠난 윌리엄 홀의 부인인 로제타 홀, 그리고 한국과 고국에 있는 그들의 친지들의 도움으로 세워졌다.****

---

* 박정희, 앞의 책, pp. 412–413.

** 「Faithful unto Death」, pp. 139–140.

*** Harold J. Abrahams, 『The Extinct Medical Schools of Baltimore』, Baltimore, MA: Maryland Historical Society, 1969, p. 71; W. Milton Lewis, M. D., 「The Graduates of the Woman's Medical College of Baltimore and Their Work」, 1907, p. 8; 볼티모어 여자의과대학은 미국의학협회에서 세운 의학 교육 시설의 충족 요건에 미달되어 1910년 문을 닫게 됐다(Harold J. Abrahams, 앞의 책, p. 73.).

**** 셔우드 홀, 앞의 책, pp. 182–183.

로제타는 1897년 5월 한국으로 돌아가 남편과 자신이 시작해 놓은 의료 선교를 계속할 것을 결정했다. 이러한 결정 과정에서 로제타는 에스더가 새로운 환경에 적응하며 어려움을 겪었다는 것을 알기에, 학업을 중단하고 자신과 함께 한국으로 돌아가는 것이 어떻겠느냐고 물었다. 하지만 이런 로제타의 질문에 에스더는 어떤 어려움이 따르더라도 학업을 마치겠다는 강한 의지를 다음과 같이 편지에 적어 보냈다.

> 저는 당신이 저 때문에 한국으로 돌아가는 것이 지체되는 것을 원하지 않습니다. 저는 당신이 한국으로 돌아가 제가 준비될 때까지 우리의 불쌍한 자매들을 도왔으면 합니다. 저는 하나님이 저를 돕기 위해 훌륭하고 헌신적인 친구를 보내줄 것이라고 믿습니다. 저는 의사가 되기 위한 공부를 포기할 수 없습니다. 제가 지금 이것을 포기하면 다른 기회가 오지 않을 것을 알고 있습니다. 저는 최선을 다해 노력할 것이고, 최선을 다한 후에도 배울 수 없다면 그때 포기하겠습니다. 이전에는 아닙니다.*

---

* Rosetta S. Hall, 앞의 책, p. 208; 「The Story of the First Korean Woman Doctor」, p. 272.

로제타는 에스더의 결정을 존중하여 1897년 9월 6일 아들 셔우드와 딸 이디스만을 데리고 한국으로 떠났고, 박여선은 아내가 있는 볼티모어로 갔다.*

* 박정희, 앞의 책, pp. 341-342; pp. 413-414.

시련을 극복하고 의학교육을 마치다

에스더가 1학년 교육과정을 마치자 볼티모어 여자의과대학 교수회장인 유진 코델Eugene F. Cordell은 에스더가 지적이고, 학업에 열심히 임하여 1학년의 학점을 이수했으며, 앞으로 남아 있는 3년의 수업도 잘 마칠 수 있을 것이라고 평가했다. 또한 한국의 전통 의술에 대하여 비과학적이며 위생적이지 못하다고 생각하는 미국인들은 서양의학을 열심히 학습하는 에스더의 노력을 칭찬했고, 의과대학을 졸업하여 의사가 되면 병으로 고통받는 한국인들을 구제하는 데 기여할 것이라면서 그녀가 의학 공부를 하는 것을 지지했다.* 에스더의 생활을 옆에서 본 대학 관계자의 평가를 보면, 그녀는 볼티모어 여자의과대학에 잘 적응하면서 의학 교육과정을 성공적으로 이수하고 있으며, 이후 한국 의료 발전에 이바지할 모범적인 인물로 성장하고 있었음을 알 수 있다.

박에스더가 볼티모어 여자의과대학에서 이수한 의학 교육과정은 다음의 1898, 1899년도 의과대학 시간표를 통해 확인할 수 있다.**

---

* Rosetta S. Hall, 앞의 책, pp. 208–209.

** Harold J. Abrahams, 앞의 책, pp. 87–89.

유학 시절 박에스더

1학년	월	화	수	목	금	토
오전 9:00~			* 태생학 실습	약물학	골학骨學	약물학
10:00~	화학		* 태생학 실습		태생학 실습	화학
11:00~	생리학	해부학		생리학	태생학 실습	
오후 12:00~	해부학					해부학
1:00~						
2:00~				약리학 실습		
3:00~		화학 실습			화학 실습	
4:00~		화학 실습			화학 실습	

* 태생학 실습은 2월 1일까지 진행.

2학년	월	화	수	목	금	토
오전 9:00~		병리학				
10:00~	화학	위생학				화학
11:00~	생리학	해부학		생리학		
오후 12:00~	해부학	약물학		약물학		해부학
1:00~					** 조직학 실습 (1:30~)	
2:00~						
3:00~			*** 세균학 실습		*** 세균학 실습	
4:00~		* 정상 조직학 (4:30~)	*** 세균학 실습		*** 세균학 실습	

* 정상 조직학은 2월 1일까지 진행.
** 조직학 실습은 2월 1일까지 진행.
*** 세균학 실습은 2월 1일 이후부터 진행.

3학년	월	화	수	목	금	토
오전 9:00~		병리학	병리학 실습	병리학 실습		
10:00~		외과	병리학 실습	병리학 실습	외과	
11:00~	실습	여성의 질병	여성의 질병	소아 질병	실습	소아 질병
오후 12:00~		약리학	수술 외과	약리학		
1:00~			임상 소아과 (1:30~)			
2:00~	임상 외과	임상 의학		임상 위장	임상 부인과	눈 · 귀 질병
3:00~				임상 외과	** 신체 진단	
4:00~	산과	눈 · 귀 질병	산과	* 의학 법률	산과	

* 의학 법률은 11월 1일 이후부터 진행.
** 신체 진단은 2월 1일까지 진행.

4학년	월	화	수	목	금	토
오전 9:00~	* 임상 현미경					
10:00~	* 임상 현미경	외과			외과	
11:00~	실습	여성의 질병	여성의 질병	소아 질병	실습	소아 질병
오후 12:00~						
1:00~			임상 소아과 (1:30~)			
2:00~	임상 외과	임상 의학/ * 임상 현미경		임상 위장	임상 부인과	눈 · 귀 질병
3:00~	임상 비인후		정신과	임상 외과	** 신경학	
4:00~	임상 산과	눈 · 귀 질병	산과		산과	

* 임상 현미경은 2월 1일 이후부터 진행.
** 신경학은 2월 1일 이후부터 진행.
–Dissection Daily(매일 분석, 해부, 정밀검사): 임상 정신과

박에스더는 볼티모어 여자의과대학에서 1학년 때는 화학, 생리학, 해부학, 태생학, 약리학 등 의학 학습과 관련된 기초 이론 및 실습을 익히고, 2학년 때는 1학년 때 학습한 기초 의학과 함께 병리학, 위생학, 조직학, 세균학 등 보다 의학적인 이론과 실습을 익혔으며, 3학년과 4학년 때는 외과, 소아과, 부인과, 안과, 이비인후과 등 의학 이론과 임상 그리고 의학 법률 등을 공부하며 의사로서의 자격을 갖추어나갔다.

그녀는 귀국 후에 의료 활동을 하는 과정에서 "나를 사랑해 준 볼티모어 여자의과대학교와 모든 친절한 교수님을 향한 진한 향수를 느낀다. 내가 일을 하면서 때때로 지칠 때는 친절한 선생님들과의 대화가 몹시도 필요했고, 몇몇 당황스런 의료 상황을 마주하게 될 때는 도움받고 싶다는 마음이 간절했다."*라고 하며 의과대학에서의 생활을 그리워했다.

이렇게 의사가 되기 위한 과정을 성실히 이행해가던 에스더에게 커다란 시련이 닥쳤다. 그것은 에스더가 의학교육에 전념할 수 있도록 물심양면으로 도와주어 의지가 됐던, 그리고 에스더가 의사가 되는 것을 에스더 이상으로 기대했던 남편 박여선이 폐결핵에 걸린 것이다. 폐결핵은 당시만 해도 별다른 치료약

* W. Milton Lewis, M. D., 앞의 글, p. 8.

이 없어 고치기 어려운 병이었다.

에스더가 대학에서 공부하는 동안 볼티모어 지부 통신 담당자였던 스티븐스 부인Mrs. E. B. Stevens은 1899년 4월 27일에 기독교 잡지 『The Gospel in All Lands』 편집자에게 에스더의 생활을 다음과 같이 전했다.

> 박에스더는 볼티모어 여자의과대학교에서 3년차의 과정을 완수하고 있다. 그녀는 성적이 우수한 학생으로 기독교인 모두에게 존경을 받고 있으며, 우리들은 졸업 후 한국 선교 활동에서 중요한 역할을 담당할 것이라고 기대하고 있다. 그녀의 남편은 폐결핵에 걸려 병원에 있다. 그녀는 독지가의 기부금을 받고 있으나, 모자라는 남편의 병원비와 생활비를 벌어야만 하는 힘든 환경에서도 하나님에 대한 믿음으로 이겨내면서 활기 있게 생활하고 있다.*

박여선은 박에스더가 공부하고 있는 의과대학과 연계된 병원에서 치료를 받았고, 에스더는 낮에는 의학 공부 외에도 남편의 병원비와 생활비를 벌어야 했으며, 밤에는 남편의 병간호

---

* 「Faithful unto Death」, pp. 139–140; 「The Story of the First Korean Woman Doctor」, p. 272.

박여선의 묘비

를 해야 하는 이중 · 삼중의 고통을 극복해야만 했다. 이러한 에스더의 노력에도 불구하고 박여선은 끝내 회복하지 못하고 에스더의 마지막 졸업시험 3주 전에 사망했다. 박여선은 볼티모어 서부 로렌 파크 공동묘지에 묻혔다. 그의 묘비에는 영문으로 'Yousan Chairu Pak'이라는 성명과 함께 1868년 9월 21일 한국에서 출생해 1900년 4월 28일 볼티모어에서 사망했다고 새겨져 있으며, '내가 나그네가 됐을 때 나를 맞아들였고I was a stranger, and ye took me in(마태복음 25:35)'라는 성경 구절도 함께 쓰여 있다.

에스더는 이국땅에서 남편을 잃은 가슴 아픈 상황에서도 좋은 성적으로 시험을 통과했으며, 마침내 미국에서의 여러 차례 좌절을 딛고 한국 최초의 여의사가 됐다.* 이는 자신의 힘든 처지를 의사로서의 소명감과 신앙으로 이겨내려는 의지 그리고 남다른 노력이 있었기에 가능했다. 또한 남편의 죽음에도 불구하고 다시 한국으로 돌아가 의료 선교사로서의 임무를 수행하는 로제타 홀의 모습을 보면서도 깨달은 바가 있었기에 가능했던 것으로 보인다.

1900년 볼티모어 여자의과대학 졸업 즈음에, 에스더에게 미국에서 의사로서 활동할 수 있는 기회가 주어졌다. 그러나 에스더는 한국 여성들을 위해 봉사하겠다는 초심을 잃지 않고 이 제안을 거절했다.** 한편 한국에서는 로제타와 스크랜튼 대부인이 에스더의 한국에서의 활동을 계획하며 귀국을 기다리고 있었다.*** 박에스더는 1895~1900년의 6년간의 미국 생활을 통해 의사로서 활동할 수 있는 전문적인 능력을 키웠고, 이제 그 능력을 한국에서 펼치기 위해 돌아왔다.

1900년 10월, 에스더는 의과대학을 졸업하고 미국 북감리교 여성해외선교회의 의료 선교사로 임명되어 귀국했다. 그녀는

---

* 셔우드 홀, 앞의 책, p. 212.
** 「Faithful unto Death」, pp. 139–140; W. Milton Lewis, M. D., 앞의 글, p. 8.
*** 『WFMS Report』, Vol. 31, 1900, p. 83.

1908년 세브란스 의학교에서 배출한 1회 졸업생보다도 8년 먼저 의사 자격을 취득했다. 서재필이 1893년 미국에서 의과대학을 졸업했으나 미국인으로 귀화한 후 한국에서는 의료 활동을 하지 않았으므로, 한국에서 활동한 정식 면허를 지닌 한국인 의사는 박에스더가 최초이다.

귀국 후의 의료 선교 활동

에스더는 업무가 끝난 시간뿐 아니라 일요일에도 치료를 했으며, 휴가 때도 매일 집으로 찾아오는 환자들을 돌보았다. 또한 시간이 날 때마다 복음을 전파하기 위하여 직접 가정을 방문하기도 했다. 그녀는 선교 활동을 통해서 복음 전파만이 아니라 당시 한국에서 중요한 개선 사항이었던 위생에 대하여 계몽했고, 전통 관습에 얽매여 삶의 의미를 잃은 여성들에게 부활의 희망을 주며 한국인의 생활과 인식을 변화시키는 역할도 담당했다.

박에스더는 귀국 후 서울의 보구여관과 평양의 광혜여원에서 의료 활동을 펼쳤다. 그리고 선교 활동 역시 담당했다. 여성해외선교회의 연례보고서를 보면 매년 다음해에 활동할 지역과 활동 내용을 기록해놓았는데, 박에스더의 이름이 다른 선교사들의 이름과 함께 기재되어 있다. 이로써 박에스더가 당시 여성해외선교회에서 인정한 유일한 한국인 여성 선교사였던 것을 알 수 있다.* 박에스더는 한국인 여성으로는 최초의 미국 유학생, 최초의 여의사가 됐을 뿐 아니라 미국 북감리교회 해외여성선교회가 파견한 한국인 최초의 선교사가 됐다. 박에스더가 활동했던 10년 동안의 활동 지역과 그 내용을 연례보고서 등을 통해 정리하면 다음과 같다.

* 『WFMS Report』, Vol. 34, 1903, p. 155; 『WFMS Report』, Vol. 35, 1904, p. 157; 『WFMS Report』, Vol. 36, 1905, p. 188; 『WFMS Report』, Vol. 37, 1906, p. 171.

연도	활동 지역	활동 내용
1900.10~1901.5	평양	여성병원 보조 의사
1901.6~1903.3	서울	보구여관 의사
1903.3~1904.3	평양	여성병원 보조 의사, 황해도 구역 전도 사업
1904.4~1905.5	평양	여성병원 보조 의사, 신계 구역 전도 사업
1905.6~1910.4	평양	여성병원 보조 의사, 평양시 전도 사업

광혜여원의 보조 의사로 임명되다

박에스더는 1900년 10월 귀국한 후, 곧 로제타 홀이 있는 평양 광혜여원으로 가서 로제타가 평양에서 벌여놓은 모든 사업을 지원하기 시작했다.* 당시 에스더의 귀국과 활동에 대해 『신학월보』는 다음과 같이 소개했다.

> 육 년 전에 박여선 씨 부인이 이화학당에서 졸업한 사람인데 내외 간 부인 의학사 홀씨를 모시고 미국까지 가셨더니 공부를 잘하시고 영어를 족히 배울뿐더러 그 부인이 의학교에서 공부하여 의학사의 졸업장을 받고 지난 시월에 대한에 환국했나니라. 공부가 여러 해 됐는데 그동안 박여

* 『WFMS Report』, Vol. 32, 1901, p. 190.

선 씨는 세상을 떠나시고 그 부인이 혼자 계시매 섭섭하온 마음을 어찌 다 위로하리오마는 미국에 가셔서 문견과 학식이 넉넉하시며 우리 대한에 무식한 부녀들을 많이 건져내어 예수 그리스도교에 나오게 하시기를 바라오며 또 대한에 이 같은 부인이 처음 있음을 치하하노라. 또 부인께서 홀 의학사 부인을 모시고 평양으로 가셔서 사람의 육신병을 고쳐주실 때에 육신병만 고칠 뿐 아니라 영혼병까지 고쳐주시와 영생토록 무병케 고쳐주시고 하나님 앞에 큰 상 받기를 우리가 또한 바라노라.*

로제타는 1897년 11월 중순경 한국에 도착하여 서울 보구여관에서 환자를 치료하기 시작했다. 그리고 1898년 5월에는 평양으로 향했는데, 평양에 도착하자마자 로제타 · 셔우드 · 이디스 세 가족 모두 이질에 걸렸고, 5월 23일 이디스는 병을 이기지 못하고 세상을 떠났다. 로제타는 이디스를 양화진에 잠들어 있는 남편 윌리엄 옆에 묻었다. 당시 로제타의 이디스 육아일기를 보면 아이를 잃은 엄마의 마음이 절절하게 느껴진다. 로제타는 자식을 잃어 슬픈 와중에도 1898년 6월 18일 평양 여성병원

* 「부인의학사 박소사 환국하심」, 『신학월보』, 1-1, 1900년 12월.

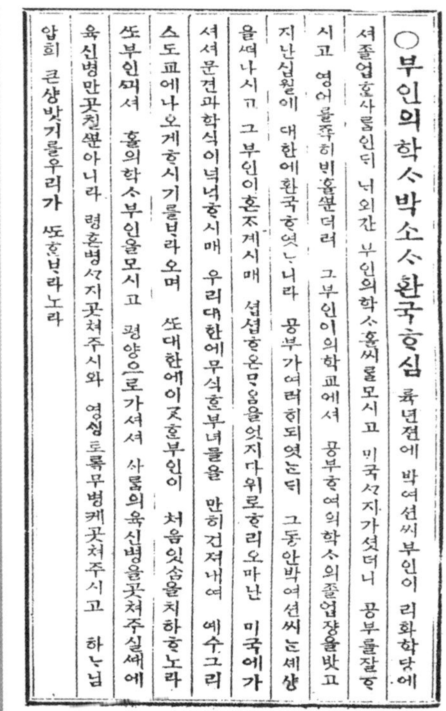
○부인의학ᄉᆞ박소ᄉᆞ환국ᄒᆞ심 륙년젼에 박여션씨부인이 리화학당에
셔졸업ᄒᆞᆫ사ᄅᆞᆷ인ᄃᆡ 너외간 부인의학ᄉᆞ홀씨를모시고 미국ᄭᆞ지가셧더니 공부를잘ᄒᆞ
시고 영어를죡히ᄇᆡ홀ᄲᅮᆫ더러 그부인이의학교에셔 공부ᄒᆞ여의학ᄉᆞ의졸업쟝을밧고
지난십월에 대한에환국ᄒᆞ엿ᄂᆞ니라 공부가여러ᄒᆡ되엿는ᄃᆡ 그동안박여션씨는셰샹
을ᄯᅥ나시고 그부인이혼자계시매 셥셥ᄒᆞᆫᄆᆞᄋᆞᆷ을엇지다위로ᄒᆞ리오마난 미국에가
셔셔문견과학식이넉넉ᄒᆞ시매 우리대한에무식ᄒᆞᆫ부녀들을 만히건져내여 예수그리
스도교에나오게ᄒᆞ시기를ᄇᆞ라오며 ᄯᅩ대한에이ᄀᆞᆺᄒᆞᆫ부인이 처음잇ᄉᆞᆷ을치하ᄒᆞ노라
ᄯᅩ부인ᄭᅴ셔 홀의학ᄉᆞ부인을모시고 평양으로가셔셔 사ᄅᆞᆷ의육신병을곳쳐주실ᄯᅢ에
육신병만곳칠ᄲᅮᆫ아니라 령혼병ᄭᆞ지곳쳐주시와 영심토록무병케곳쳐주시고 하ᄂᆞ님
압희 큰샹밧기를우리가 ᄯᅩᄒᆞᆫᄇᆞ라노라

신학월보 기사

광혜여원(양화진문화원 제공)

인 광혜여원의 문을 열었고, 이디스를 추모하는 마음으로 여러 사람의 후원을 얻어 1899년 어린이 병동을 설립했다. 윌리엄 홀을 기념하기 위해 설립한 평양 '기홀병원'은 로제타의 노력으로 여성병원인 '광혜여원'과 어린이 병원인 '이디스 마거릿 어린이 병동'을 포함한 병원으로 성장했다.

로제타는 이상의 의료 활동을 하면서 맹인학교도 설립했다. 로제타의 맹인교육은 1894년 봄 평양 선교 초창기에 윌리엄의 첫 신자인 오경석의 맹인 딸 봉래를 만나면서 시작됐다. 로제타는 윌리엄의 사망 이후 미국으로 돌아갔을 때 특수교육에 대한 연구를 시작했으며, 한국에 돌아온 후 '한글점자'를 봉래에게 가르쳤고 이후 맹학교의 설립으로 발전시켰다. 1900년 6월에는 선교사 자녀들의 교육을 위해 스왈른 부인Sallie W. Swallen과 함께 평양외국인학교를 설립했다.* 이렇듯 로제타는 1898년 5월 평양에 도착한 이래 에스더가 평양에 도착한 1900년 10월경까지 다양한 사업을 수행했고, 이로 인해 선교 사업은 계속 확장되고 있었다.

에스더가 평양에서 의료 선교 활동을 시작한 이후 10개월 동안 로제타와 에스더는 진료소와 왕진을 통하여 2,414건의 치료를 했는데, 에스더가 이 중 절반 이상을 치료했다. 이러한 에스더의 활동을 로제타뿐 아니라 많은 사람들이 자랑스럽게 생각했다.** 로제타는 에스더가 병원 일을 잘 감당하자 자신의 아들과 병원 업무를 모두 맡기고 1900년 11월 23일 지방 선교 순회 활동을 떠났다. 에스더는 여성병원의 보조 의사로 임명됐으나, 그 활동 내용과 로제타의 평가를 보면 독립된 완전한 의사로서의 역할을 훌륭하게 해낸 것을 알 수 있다. 에스더가 평양에 도착한 지 약 1개월 된 즈음에 로제타는 에스더를 전적으로 믿고 의지하는 마음을 다음과 같이 일기에 썼다.

---

* 셔우드 홀, 앞의 책, pp. 191–211; 박정희, 앞의 책, p. 377; pp. 388–389.

** 셔우드 홀, 앞의 책, p. 212; 『WFMS Report』, Vol. 32, 1901, p. 190.

에스더는 내가 없는 동안 병원의 일을 전담했으며 어린이 병동의 두 환자를 돌보았고 또 왕진까지 맡아 하느라 정말 바쁘고도 보람된 날을 지냈다. 내가 없어도 병원의 모든 일이 이렇게 훌륭하게 처리된 것은 진정으로 내게 주어진 특별한 은혜이다. 내가 보고서, 건축 계획, 또는 다른 사무일로 바빠져도 에스더가 병원 일을 전담해줄 수 있다.*

로제타는 평양에 도착한 이래 남편의 뜻을 이어가고자, 또 이디스를 잃은 슬픔을 달래고자 오랫동안 몸을 혹사했다. 진료소와 병원을 운영했고, 선교 여행에다 전도부인 양성, 맹학교 및 외국인학교 운영 등으로 너무 지쳐 있었다. 급기야 1901년 3월경 병이 심해지자 잠시 일을 쉬고 서울로 치료를 받으러 갔다. 이때도 에스더는 수잔과 함께 병원과 진료소의 업무를 보는 것뿐 아니라 로제타의 아들 셔우드까지 돌보았다. 수잔은 로제타가 처음 보구여관에서 일할 때부터 에스더와 함께 훈련받은 학생이었다.

서울의 의사들과 선교부가 로제타의 건강 상태를 진단하고 미국 고향으로 돌아가 요양해야 한다고 강하게 권고했다. 로제

---

* 셔우드 홀, 앞의 책, pp. 213–216.

타는 이를 받아들여 1901년 6월 7일 안식년 휴가로 미국으로 돌아가게 됐다. 1901년 보구여관을 담당하고 있던 여의사 메리 커틀러도 안식년으로 본국으로 떠나게 되자 선교부는 에스더가 서울의 보구여관을 책임지고, 당시 동대문 진료소를 맡아보던 릴리언 해리스Lillian A. Harris(1865~1902)가 평양 광혜여원을 책임지는 것으로 결정했다.*

* 박정희, 앞의 책, p. 378.

보구여관에서 의료 선교와 여성 교육에 힘쓰다

1901년 보구여관의 여의사 커틀러가 안식년을 맞아 미국으로 돌아가자, 로제타 홀을 따라다니며 진료를 도왔던 어린 김점동은 이제 어엿한 의사 박에스더가 되어 보구여관으로 돌아와 병원을 책임지고 환자들을 직접 치료하게 됐다. 그녀는 대략 1901년 7월경부터 보구여관에서 일하기 시작해 1903년 3월 20일 커틀러가 돌아올 때까지 보구여관에서 근무했다. 보구여관은 에스더가 책임을 지고 있는 동안 입원 치료는 중단하고 환자 진료 및 약 처방만 하는 것으로 조정 운영됐다.

에스더는 병원에서의 치료 외에 병원 시설이 없는 곳으로 왕진도 다녔다. 보구여관에서 처음 1년 동안 왕진은 128건 정도 이루어졌다. 왕진 때문에 진료소를 비우면 진료소에 왔던 사람들은 치료를 받지 못하고 돌아가야만 하는 현실에서, 에스더는 병원들이 많이 세워져 '육체뿐 아니라 영혼의 고통을 구제하는데 도움을 주고, 어려운 환자들을 보다 많이 치료할 수 있기'를 희망했다.* 에스더는 보구여관에서 의료 활동을 하는 동안 보구여관의 지소인 동대문 진료소를 담당하고 있던 여의사 엠마

---

* Esther K. Pak, 「Chong Dong Dispensary, Seoul」, 『KWC』, 1902, p. 7.

언스버거Emma F. Ernsberger(1862~1934)와 서로 도움을 주고받았으며, 세브란스병원의 의사 에비슨에게 환자 치료 및 병원 운영에 대한 유용한 충고와 지원을 받을 수 있었다.*

에스더는 여성들을 진료하면서 세상과 격리되어 있던 한국 여성들이 건강과 위생에 관하여 잘못 알고 있는 부분이 많다는 것을 새삼 깨닫게 됐다. 당시 한국인들은 병에 걸리면 민간요법으로 치료하고, 더 심해지면 무속이나 한의사에게 의지했다. 결국 한의사들이 포기한 이후에야 진료소를 찾아왔는데, 이때 에스더는 무지로 인하여 병이 심해지는 안타까운 사례를 많이 접했다. 그 당시 한국 가정에는 해괴망측한 미신적 치료 방법이 많아 에스더는 그들을 계몽시켜가면서 치료해야만 했다. 그녀가 보고한 미신적 치료 사례는 다음과 같다.

사례 1: 발목을 삐어 염증을 일으킨 5살 여자아이를 치료하기 위해, 그 어머니는 뜨거운 돼지고기 또는 개고기로 만든 국물을 마시게 하는 민간요법을 사용했다. 그래도 진정되지 않으면 한의사에게 데리고 갔다. 한의사는 그러한 병에 가장 즐겨 사용하는 치료법

* Emma Ernsberger, M. D., 「Baldwin dispensary and Chaple, East Gate」, 『KWC』, 1902, p. 17; Esther K. Pak, 앞의 글, p. 7.

으로 침을 놓았다. 뒤늦게 병원을 찾아오기는 했으나 결국 이 소녀는 완전히 관절을 잃게 됐다. 이미 염증이 심해져 곪을 대로 곪은 부위를 제거하는 우리의 치료법은 한국인들에게 이해할 수 없는 치료법이다.*

사례 2: 한의사가 포기한 폐결핵 말기의 젊은 부인이 나를 찾아왔다. 내가 그녀의 집에 도착했을 때, 가족들은 맥박이 아직 뛰고 있는 부인을 생매장하려고 준비하고 있었다. 급히 회복약들을 투여하려 했을 때, 나는 놀랍게도 그녀의 입에 생쌀이 가득 차 있는 것을 발견했다. 그 쌀은 젊은 부인이 저승으로 가는 길에 요기하기 위한 것이라고 했다. 나는 그들이 이 쌀을 조심스럽게 모아두는 것을 봤다. 왜 이렇게 하는지 묻자, 이 쌀이 말라리아를 위한 특별한 치료약이 된다고 했다. 이것은 많은 한국인의 무지를 보여주는 단적인 예 중 하나이다.**

---

* Esther K. Pak, 앞의 글, p. 6.
** Esther K. Pak, 앞의 글, p. 7.

1902년 한국에서 콜레라가 유행했을 때 많은 사람이 죽었다. 당시 대부분의 한국인이 콜레라는 쥐가 옮기는 병이므로 고양이 그림을 문 입구에 붙여놓으면 병을 물리칠 수 있다고 생각했다. 이렇게 많은 사람이 콜레라에 대한 적절한 치료를 받지 못하고 죽음을 두려워하며 생활하다가 죽어갔다. 에스더는 하나님을 알지 못하고 죽어가는 사람들을 바라보면서 안타깝게 생각했다. 반면 기독교인들이 조용히 죽음을 맞이하는 모습에 큰 위로를 받았다.

콜레라를 처음 경험한 에스더는 긴장하기도 했으나 전도부인과 함께 환자들의 집을 방문하여 약을 주었으며, 그들에게 복음과 평안함을 전하려고 노력했다. 에스더는 하나님이 자신을 인도하시고 약으로 사람들을 도울 수 있는 건강과 힘을 주셨다고 생각하면서 전염병도 두려워하지 않고 환자들 사이로 들어가 치료했으며, 육신의 병뿐 아니라 마음의 불안과 두려움까지 어루만져주고자 했다. 전염병이 사라졌을 때 에스더는 보구여관에서 자신을 도와준 모든 사람과 함께 기뻐했다.* 자신의 휴식보다 환자들의 치료를 우선으로 생각하는 에스더의 노력으로 보구여관의 의료 사업은 나날이 발전했다.

---

* Esther K. Pak, 「Chong Dong Dispensary, Seoul」, 1903, p. 14.

보구여관에서의 2년차에는 에스더가 진료한 건수가 130여 차례의 왕진, 시약소에서 1,230건의 초진과 2,017건의 재진 등 총 3,377건이었다. 에스더는 업무가 끝난 시간뿐 아니라 위급한 경우에는 일요일에도 치료를 해야 했으며, 휴가 때도 매일 집으로 찾아와서 약을 처방해줄 것을 간청하는 환자들을 돌보았다.*

에스더는 의료 선교사로서 의료 활동과 함께 선교 활동에도 힘을 쏟았다. 당시 선교사들이 운영하는 의료 기관의 경우, 거의 모든 환자가 진찰을 받기 전 대기실에서 전도부인들에게 예수에 관하여 들을 기회를 가졌고, 하나님을 더 알고자 열망하는 여성들은 소책자와 성경책들을 빌려볼 수 있었다. 에스더가 책임지고 있었던 당시 보구여관에서의 전도를 통해 차츰 교회에 다니기 시작하는 여성들이 생겨났으며, 에스더는 시간이 날 때마다 복음을 전파하기 위하여 직접 가정을 방문하기도 했다.**

에스더는 한국 여성 의료 교육에도 일정한 기여를 했다. 에스더는 1903년 3월 보구여관에 간호원 양성소를 조직하려는 임무를 띠고 입국한 간호 선교사 마거릿 에드먼즈Margaret J. Edmunds

---

* Esther K. Pak, 앞의 글, 1903, p. 13.

** Esther K. Pak, 앞의 글, 1902, p. 6; Lulu E. Frey, 「Evangelistic Work of First Church, Seoul」, 『KWC』, 1902, p. 5; 『WFMS Report』, Vol. 33, 1902, p. 161.

(1871~1945)가 간호원 양성소의 교육과정을 조직하고 제반 시설을 설립하는 과정에 에비슨 등과 함께 도움을 주었다.* 비록 오래지 않아 평양으로 내려갔지만, 한국 최초로 설립된 간호원 양성소 형성에 일익을 담당했던 것이다. 보구여관 간호원 양성소에서 배출된 간호원들은 초기 의료 사업에 중요한 역할을 했다.

에스더가 의료 활동을 했을 당시 전도부인인 테레사와 두 조수인 베시와 그레이스가 큰 도움을 주었다.** 당시 조수였던 베시는 박에스더의 동생 김배세로, 이후 1906년 설립된 세브란스 병원 간호원 양성소에서 교육을 받고 1910년 1회 졸업생이 됐다. 이그레이스는 보구여관에 병이 들어 찾아온 해방된 노비로, 보구여관에서 치료를 받고 이화학당에서 교육을 받으며 보구여관 조수로 활동하다가 1903년 설립된 보구여관 간호원 양성소의 학생이 되어 1907년 1월 제1회 졸업생이 됐다.***

---

* Mary M. Cutler & Margaret J. Edmund, 「Po Ku Nyo Koan-Hospital, Dispensary and Nurses' Training School, Seoul」, 『KWC』, 1904, p. 11; Zola Payne, 「Medical Educational Work For Woman」, 『Fifty Years of Light』, Seoul: Y.M.C.A Press, 1938, pp. 98-99.

** Esther K. Pak, 앞의 글, 1903, p. 13; 『WFMS Report』, Vol. 33, 1902, p. 161.

*** 이방원, 「보구여관의 설립과 활동」, 『의사학』, Vol. 17, No. 1, 2008: 이방원, 「보구여관 간호원 양성소(1903-1933)의 설립과 운영」, 『의사학』, Vol. 20, No. 2, 2011; 이방원, 「한국 최초의 간호원 이그레이스」, 『역사 속의 여성을 찾아서』, 파주: 나남출판사, 2012 참조.

간호원 양성소 제1회 졸업식에서
이그레이스(왼쪽)와 김마르다(오른쪽)

세브란스병원 간호원 양성소 제1회 졸업생 김배세(연세대학교 박물관 제공)

평양으로 돌아가 의료 선교를 지속하다

1903년 3월 20일 여의사 커틀러가 안식년을 끝내고 보구여관으로 돌아오면서 에스더는 다시 평양의 의료 선교사로 임명되어 로제타와 함께 의료 활동을 담당했다.* 이후에는 평양의 여성병원인 광혜여원에 기반을 두고 의료 · 선교 활동을 했다. 에스더는 평양으로 돌아온 첫해인 1903년, 로제타와 병원 및 진료소의 입원 환자 · 외래 환자 그리고 왕진을 통해서 4,857건을 치료했다.**

1904년 러일전쟁으로 일본군이 평양으로 들어오자 여성과 아이들은 다른 지역으로 피난을 갔다. 에스더는 조수인 베시와 수잔과 함께 안전을 위해 고향인 서울로 보내졌고, 대부분의 선교사는 병원 사업을 지속하며 평양에 남아 있었다. 시국이 안정되자 에스더는 평양으로 돌아왔다.

로제타가 오전에 진료소에서 환자를 보고 있을 때 에스더는 다른 여성 환자의 집으로 왕진을 가서 그들의 질병을 치료했다.***

---

* Mary M. Cutler & Margaret J. Edmund, 앞의 글, p. 7; 『WFMS Report』, Vol. 34, 1903, p. 155.

** Rosetta S. Hall, 「Woman's Medical Work, Pyeng Yang」, 『KWC』, 1904, p. 48.

*** Rosetta S. Hall, 「Medical-Evangelistic Work for women, Pyeng Yang」, 『KWC』, 1905, p. 45; p. 50; 『WFMS Report』, Vol. 36, 1905, pp. 189-190.

1904년 러일전쟁의 혼란 중에도 로제타와 에스더는 지난해의 2배인 8,638건의 치료를 했다. 이는 기록되어 있는 건수이며 실질적인 치료와 처방의 수는 훨씬 더 많았고, 처방료는 지난해의 3배를 기록했다. 진료소에서 치료한 환자의 수는 4,399명으로, 이 중 4,090명은 다시 찾아왔다. 하루에 가장 많이 온 환자 수는 지난해 60명보다 많은 82명이었다.

대부분의 환자는 하나의 질병보다 여러 합병증에 걸려 찾아왔다. 광혜여원에서 여성들을 치료한 내용을 보면 안과 질환이 제일 많았고, 피부병, 귓병, 부인병 그리고 치아병 등 다양한 분야의 병을 치료했다. 이상의 다양한 질병을 치료하는 과정에서 환자와 로제타 사이에 세심하게 말하기 어려운 문제들이 생기면 에스더의 도움으로 소통할 수 있었다.*

1905년 보고서에 따르면 광혜여원은 1년에 약 60명의 입원 환자들을 치료했다. 입원 환자 중 24명은 수술을 받았고 그들 중 몇몇은 여러 번 수술을 받아야 했다. 에스더는 병원에 수술을 도와줄 훈련된 간호사가 없었기 때문에 모든 것을 스스로 준비했고, 로제타와 함께 둘이 할 수 있는 최선의 수술을 할 수밖에 없었다. 현대화된 기구와 훈련된 간호사가 부족했지만 수술

---

* Rosetta S. Hall, 앞의 글, p. 46.

은 좋은 결과를 얻었고 횟수를 거듭할수록 에스더의 수술 기술은 더욱 향상됐다.*

로제타와 에스더의 수술 중 방광질루 수술**은 특기할 만했다. 한 젊은 여성은 6~7년 동안 누공 수술을 여러 번 했는데 첫 번째 수술은 기대했던 것만큼 잘되지 않았으나 열 번째 수술에서는 완벽하게 치료됐다. 다른 나이 든 부인의 경우 오랫동안 방광질루로 불편을 겪었고, 방광의 기능이 완전히 저하됐을 때 단 한 번의 수술로 완치되어 집으로 돌아갔다.

로제타와 에스더는 몇몇 관폐쇄증의 경우 인공관을 이용한 수술을 하기도 했다.*** 서양의학에서 행하는 수술은 당시 한국에서 경험하지 못한 치료 방법으로 한국인들에게는 두려운 것이었으나, 그 치료 결과는 '신'만이 할 수 있다고 믿었던 놀라운 일이었다. 로제타와 에스더는 의료 활동을 통하여 한국인, 특히 여성들이 감히 바랄 수 없었던 육체적 고통과 불편으로부터의 회복을 가능케 해주었다.

에스더는 평양에서 의료 활동을 하는 동시에 선교 활동도 활발히 했다. 선교 활동의 내용은 크게 의료 활동을 펼치는 의료

---

* Rosetta S. Hall, 앞의 글, p. 47.

** 방광과 질 사이에 비정상적으로 존재하는 누공을 없애주는 수술

*** W. Milton Lewis, M. D., 앞의 글, pp. 8–9.

기관에서 환자들을 대면하며 기독교를 알리는 방법, 성경학교의 교사로서 한국 여성들을 계몽하며 성경을 가르치는 방법, 여성해외선교회에서 할당받은 지역을 순회하면서 하나님의 말씀을 전하는 방법으로 나누어볼 수 있다.

에스더는 병원에서 치료하면서, 또 왕진을 다니면서도 하나님을 알리는 전도 사업을 꾸준히 했다. 그녀는 전도 사업을 위해 일 년에 수백 군데를 다녔다고 여성해외선교회 본부에 보고할 정도로 열심을 다했다.*

평양에서의 여성 성경학교는 1898년 11월 14일, 감리교의 로제타 홀과 노블 부인Mattie W. Noble이 25명의 여성에게 여자성경훈련반을 조직하고 강의하면서 시작됐다. 여자성경훈련반은 나중에 장로교와 연합해 운영됐으며, 수많은 전도부인을 양성해 한국 여성들에게 희망을 제시했다.** 평양 선교부는 1903년부터 매년 봄 · 가을, 평양에 성경학교를 개설하여 약 열흘 동안 평양과 그 부근 지방의 여성들을 모아놓고 성경 말씀, 위생학, 감리교의 역사, 예수의 일생 등에 관한 강의를 했다.

에스더는 1903년 가을부터 성경학교를 여선교사인 로제타, 노블 부인, 에델 에스티Ethel M. Estey, 헨리에타 로빈스Henrietta P.

---

* Rosetta S Hall, 앞의 글, p. 50.

** 박정희, 앞의 책, p. 376; p. 416.

Robbins 등과 함께 이끌었는데, 그녀는 여기서 위생학과 성경을 강의했다. 특히 에스더는 의사로서 당시 한국 질병의 주요 원인으로 지적됐던 위생 문제를 해결하기 위하여 가정의 건강을 책임지는 여성들에게 위생학을 강의했다. 깨끗한 생활을 강조하고, 일상생활에서 지켜야 하는 위생 규칙들도 차근차근 가르쳤다. 그녀는 성경에 대해서도 해박한 지식을 가지고 있어 성경학교에서 「누가복음」 등을 강의했다. 에스더는 성경학교에 참석한 여성들로부터 가장 진실된 선생님들 중 하나로 인정받았다.*

에스더는 1903년 가을 성경학교를 성공적으로 마무리하고 순회 선교 활동을 시작했다. 그녀는 1903년 11월에 여성해외선교회로부터 선교 활동 지역으로 황해도의 700리를 할당받았다. 이때 에스더가 방문한 지역은 삼동, 배미, 투모골, 상금촌 등이었다. 에스더는 방문한 모든 장소에서 말씀을 듣기 위해 모인 여성과 아이들에게 복음을 전파하여 그들을 독실한 기독교인으

---

* Mattie W. Noble, 「Evangelistic Work, Bible Institutes, and Six Day Schools, Pyeng Yang District」, 『KWC』, 1909, p. 62. Mattie W. Noble, 「Pyeng Yang Church and Bible Institute」, 『KWC』, 1904, p. 44; Rosetta S. Hall, 앞의 글, p. 50; Mattie W. Noble, 「Report of Evangelistic Work, Bible Institutes, and Three Day Schools, Pyeng Yang」, 『KWC』, 1906, p. 61; Mattie W. Noble, 「Report of Evangelistic Work, Bible Institutes, and Three Day Schools, Pyeng Yang」, 『KWC』, 1907, pp. 47–48; Rosetta S. Hall & Esther K. Pak, 「Woman's Medical Work, Pyong Yang」, 『KMF』, Vol. 5, No. 7, 1909, pp. 109–111.

로 변화시켰다. 그리고 배미 지역에는 작은 교회를 만들어 그곳에 사는 전도부인과 그 남편으로 하여금 책임지게 했다.*

1904년에는 신계를 순회하며 선교 활동을 했다. 신계는 이미 3년 전부터 선교 활동을 했지만 전도하기 힘든 지역으로 인식되어 있었다. 그러나 에스더는 그곳의 사람들을 변화시켰다. 한 나이 든 부인이 "나처럼 아들 하나 없는 늙은이가 기독교인이 될 수 있나요?"라고 묻자, 에스더는 그녀와 한 시간 동안 대화를 나눈 후 그녀에게 기독교인이 될 수 있다는 확신을 주었다. 또 이전에는 기독교 서적을 선물로 주는 것조차 거부하던 한 부인이 복음을 열심히 듣고 책을 사고 난 후 "나의 돌과 같이 딱딱한 마음이 오늘 밤 반은 부드러워졌다."고 말했다는 기록도 있다. 그들은 모두 복음을 열심히 들었고, 자신들이 출석할 수 있는 교회가 세워지기를 원했다. 에스더는 한국에 자신과 같은 일꾼이 적어 하나님을 더욱 알리지 못하는 현실을 안타깝게 여겼다.**

투모골은 순회 전도 여행 지역 중 기독교가 가장 번성한 지역 중 하나였다. 이곳에는 전도 활동을 열심히 하고 있는 6~7명의 부인이 있었다. 이 마을에는 9세 된 외아들을 잃은 과부가 한

---

* Esther K. Pak, 「Whang Hai Do Circuit」, 『KWC』, 1904, pp. 46-47.

** Esther K. Pak, 앞의 글, p. 47.

명 있었는데, 그 아들은 신심이 깊은 기독교 소년이었고, 어머니를 교회에 다니게 하려고 열심히 노력했다. 그러나 그녀가 기독교를 받아들이기 전에 아들이 죽었다. 그녀는 매우 우울해했고, 하나님에 대하여 가혹하고 정의롭지 못하다고 말했다. 그러나 에스더와 함께 기도하면서 그 과부는 하나님에 대하여 새롭게 생각하게 됐고, 교회에 나가기 시작했다.*

이런 바쁜 일정 속에서도 에스더는 1904년 크리스마스 때 교회 공연에 도움을 주어 그 의미를 더했다. 에스더는 동생인 베시와 함께 맹인 여류 찬송시인 패니 크로스비Fanny Crosby의 크리스마스 캐롤과 'Safe in the arms of Jesus'를 우리말로 개사해 로제타가 교육하고 있는 맹인 소녀들이 노래하게 했다. 크리스마스 공연은 매년 이디스 마거릿 아동병원에서 열렸는데 이때 맹인 소녀들의 합창 공연은 매우 중요한 프로그램 중 하나였다. 이들은 에스더가 개사한 노래를 불렀다.** 이 곡은 찬송가 '주 예수 넓은 품에'로 지금도 널리 불리고 있다.

박에스더는 선교 활동을 통해서 복음 전파만이 아니라 당시 한국에서 중요한 개선 사항이었던 위생에 대하여 계몽했고, 전

* Esther K. Pak, 앞의 글, pp. 46-48.

** Rosetta S. Hall, 「The Clocke Class Blind Girls」, 『The Korea Methodist』, Vol. 1, No. 11, 1905, p. 154.

통 관습에 얽매어 아들이 없다는 이유로, 혹은 아들의 죽음으로 삶의 의미를 잃은 여성들에게 부활의 희망을 주며 한국인의 생활과 인식을 변화시키는 역할도 했다.

투병 중에도 의료 선교에 열성을 다하다

에스더는 몸을 돌보지 않고 의료 선교를 하던 중 1905년부터 건강을 잃어갔다. 그녀는 1905년 7월 초까지도 의료 활동을 계속했으나, 폐결핵의 증후들이 나타나면서 급성 늑막염과 심장 합병증이 동반되어 어쩔 수 없이 자리에 눕게 됐다. 1905년 여름에는 에스더뿐만 아니라 로제타도 병으로 진료를 할 수 없을 지경에 이르러, 광혜여원은 약 2개월 동안 문을 닫을 수밖에 없었다.* 에스더는 한국에서의 휴양으로는 병이 별 차도를 보이지 않자 9월경 중국 남경으로 요양을 갔다. 에스더는 남경의 휴양지에 간 이후 병세가 많이 호전되자, 자신의 병이 과중함에도 건강을 되찾게 될 것이라는 희망을 가졌다.**

광혜여원은 1905년에는 두 여의사의 건강 문제로 10개월 동안만 운영됐다. 또 로제타와 에스더가 공식적으로 번갈아가며 진료를 하다가, 에스더의 투병 생활로 로제타 혼자서 진료를 볼 수밖에 없게 됐다. 상황이 이렇게 되자 환자 수는 초진은 2,352명, 총 환자 수는 4,260명으로 전해에 비해 줄었다. 그러나

---

* Rosetta S. Hall, 「Medical-Evangelistic Work for Women and Children, Pyeng Yang」, 『KWC』, 1906, p. 53.

** W. Milton Lewis, M. D., 앞의 글, p. 1.

왕진 수와 처방료는 더 늘었다.*

남경에서 돌아온 후에도 에스더는 정상적으로 진료를 볼 수 없었다. 그녀는 1906년 1년 동안 건강이 허락하는 한도 내에서 약간의 의료 사업과 전도 사업, 그리고 로제타가 부탁하는 일들을 했다.** 그러던 중 1907년 건강을 되찾기 시작하면서부터 수술과 응급 상황 등 의료 활동에 다시 참여하여 로제타에게 도움을 주었고, 전도 사업을 하기도 했다.***

1908년 10월 22일 광혜여원이 신축되어 새 건물에서 의료 활동을 시작할 때, 에스더는 건강이 나아진 듯하여 정규 의료 업무를 맡아보게 됐다. 에스더가 오전에, 로제타가 오후에 환자 진료를 맡았으나 몇 주 지나지 않아 에스더는 다시 아프기 시작했다. 결국 광혜여원은 오전 진료를 하지 못하고 로제타가 오후에만 진료하는 것으로 진료 시간이 제한됐다. 이후 에스더는 1910년 사망할 때까지 의료 사업을 일정하게 계속할 수 없었고, 병이 악화되어 병원에서 진료를 보지 못할 때는 몸 상태에 따라 번역 활동을 하거나 주일학교와 성경학교의 일을 도왔

---

* Rosetta S. Hall, 앞의 글, p. 53; 『WFMS Report』, Vol. 37, 1906, p. 173.

** Rosetta S. Hall, 「Medical Work and Blind Class, Pyeng Yang」, 『KWC』, 1907, p. 42.

*** Rosetta S. Hall, 「Medical-Evangelistic Work for Women and Children, Pyeng Yang」, p. 53; Rosetta S. Hall, 「Medical Work and Blind Class, Pyeng Yang」, pp. 38-42; Zola Payne, 앞의 글, p. 99.

다.* 에스더는 1905년 여름 발병 이후 1910년 사망할 때까지 건강 상태에 따라 의료 활동의 강약을 조절했으나 발병 이전처럼 활발한 활동을 할 수는 없었다.

에스더는 정상적인 의료 활동을 하지 못하는 중에 그래도 봄 · 가을에 열리는 여성 성경학교는 열심히 참여하고자 했다. 1905년 가을 성경학교는 11월 14일부터 25일까지 열렸는데, 당시 평양 인근에서 108명의 부인과 소녀가 참석하며 성황을 이루었다. 당시 성경학교는 다음과 같은 과정으로 이루어졌다.

- 박에스더Dr. E. K. Pak: 「누가복음」과 위생학
- 로빈스Miss. H. Robbins: 「야고보서」
- 폴웰 부인Mrs. E. D. Follwell**: 성경 역사
- 무어 부인Mrs. J. Z. Moore***(수잔 통역): 예수의 일생
- 김새디Mrs. Sadie Kim: 감리교 교리문답
- 노블 부인Mrs. W. A. Noble****: 교회 역사와 구약성경

---

* Sarah B. Hallman, 「Pyeng yang Woman's Hospital」, 『KWC』, 1910, p. 51; Zola Payne, 앞의 글, pp. 99–100.

** 본명: Mary W. Follwell

*** 본명: Alpha E. Moore

**** 본명: Mattie W. Noble

1906년 봄 성경학교 때는 215명의 부인과 소녀가 참석했는데, 이전보다 지방에서 더 많은 부인이 참여했다. 이렇게 평양의 여선교사들이 성경학교를 통해 체계적으로 기독교를 알리고자 노력하여, 매회 100명이 넘는 수강생이 평양과 인근 지방에서 모여들면서 번성했다.

나아가 성경학교를 이끌었던 여선교사들은 여러 해 동안 성경학교에서 공부해온 젊은 여성들을 8개의 마을로 파견하여 성경 수업을 수행하도록 했다. 각각의 장소에서 약 일주일 동안 가르쳤는데, 그 수업에 10명에서 32명까지 다양하게 참석하는 성과를 이루었다.* 이렇듯 평양과 그 인근에서 진행된 여성을 대상으로 하는 선교 활동의 핵심 구성원으로 박에스더가 있었고, 그녀는 투병 중에도 성경학교 과정에 열성을 다하여 참여함으로써 선교 활동에 기여했다.

---

* Mattie W. Noble, 「Report of Evangelistic Work, Bible Institutes, and Three Day Schools, Pyeng Yang」, 1906, p. 61.

박에스더의
사망과 평가

에스더는 한말 격동기에 태어나 의료 선교사로서 활동하다 33년의 짧은 생을 마쳤지만, 한국 여성 의학의 문을 열었으며 참된 의술을 실천함으로써 한국 의료사, 여성사, 기독교사에 커다란 발자취를 남겼다. 또한 에스더의 삶은 단지 한 개인의 성공담이 아니라 한말 한 여성이 자신의 제한된 환경을 극복하고 전문인으로 거듭나는 모습을 보여줌으로써, 많은 한국의 젊은 여성들에게 영향을 끼쳐 그들이 자신의 삶을 개척하며 나아갈 수 있도록 용기를 주었다.

1909년 당시 한국 정부는 미국 북장로교 선교사 언더우드, 윤치호, 세브란스 의학교 제1회 졸업생 김필순 등 사회 유지의 발기로, 외국에서 유학하고 돌아와 헌신적인 활동을 통해 사회 발전에 공헌하고 있는 여성들의 업적을 찬양하고 격려하는 의미에서 4월 28일 '초대 여자 외국 유학생 환영회'를 개최했다. 관민 합동으로 경희궁에서 개최된 이 환영회에 미국에서 의학을 공부하고 돌아와 의료 활동을 펼치면서 여성 계몽에도 기여하고 있는 박에스더, 일본을 거쳐 벨기에, 영국, 프랑스, 독일, 미국의 구미 5개국에서 유학하며 음악과 외국어를 배우던 중 관립한성고등여학교가 설립된 후 교사로 초빙되어 귀국한 윤정원, 한국 여성 최초로 미국 웨슬리 대학에서 1906년 문학사 학위를 받고 돌아와 이화학당에서 교사로 근무하고 있던 하란사 등 3인이 초대됐다.

환영회는 다수의 관계 인사, 사회 유지, 각 여성 단체 및 종교 단체의 내 · 외빈 700~800여 명이 모여 대성황을 이루었다. 식순은 김윤식의 개회사를 시작으로 유길준의 동생이자 전 학무국장인 유성준, 대한의원 의육부 학감 지석영, 최병원 등의 환영 연설이 있었고, 3인에게 각각 기념 메달을 증정한 후, 여학생들의 축가와 초대받은 3인의 답사 그리고 다과 잔치로 이어졌다. 이들은 여성 교육의 효과를 알리는 인물들로 상징되며 서울 장안 사람들의 흠앙을 받았다.* 당시 한국 사회에 일찍이 유학을 나녀와 신학문을 익히고 한국의 근대화에 이바지하고 있던 박에스더의 헌신적 활동이 이미 알려져 있었던 것이다. 이때 에스더는 폐결핵에 걸려 투병 중이었는데 이미 병세가 악화되어 있었다.

1909년 가을 성경학교는 에스더의 마지막 공적인 활동이 됐다. 에스더가 몸이 아파 평양에서 서울로 떠나자 에스더와 함께 지냈던 모든 사람이 에스더를 그리워했다.** 그녀는 병이 심해져 일상생활을 감당할 수 없게 되자 서울로 돌아와 작은언니 신마리아의 집에서 병상 생활을 하다가 1910년 4월 13일 눈을 감았다. 에스더는 오랫동안 아팠고, 그녀의 지인들은 그녀가 회복하리라고 거의 기대할 수 없었지만 그럼에도 그녀의 죽음은 큰 충격을 주었다.*** 에스더의 추도회는 5월 27일 오후 8시에 청

---

* 셔우드 홀, 앞의 책, pp. 239–240; 김윤식, 『속음청사』, 1909년 4월 28일; 「女子界盛事」, 『대한흥학보』, 3, 1909년 5월 20일; 「잡보」, 『황성신문』, 1909년 4월 28일.

** Mattie W. Noble, 「Report of Evangelistic Work, Day Schools and Bible Institutes on Pyeng Yang District」, 『KWC』, 1910, p. 67.

*** 「Faithful unto Death」, pp. 139–140; Sarah B. Hallman, 앞의 글, p. 54; Zola Payne, 앞의 글, p. 100.

이화여자대학교 부속병원인 이대목동병원 1층
로비에 세워진 박에스더의 흉상

년회관에서 열렸고, 그 자리에 모인 모든 사람은 그녀의 업적을 되새기는 자리를 가졌다.* 에스더의 죽음은 태어나면서부터 함께 생활했던 로제타의 아들 셔우드에게도 충격이었다. 셔우드는 성장하여 일제강점기 의료 선교사로 활약하며 한국 내 결핵 퇴치를 위해 공헌했다. 그는 훗날 자신이 결핵 퇴치를 위한 여러 사업을 벌였던 그 중심에 어렸을 때부터 이모라 부르며 가깝게 따랐던 에스더가 있었음을 회고하며 다음과 같이 적었다.

> 에스더의 죽음은 나에게 충격이었다. 한창때인 에스더를 앗아가고 수많은 한국인의 목숨을 빼앗아가는 결핵을 막아내는 데 내 온 힘을 다 바치리라고 결심했다. 나는 결핵을 공부하고 한국에 돌아와서 결핵요양원을 세우겠다고 맹세했다.**

에스더는 한말 격동기에 태어나 의료 선교사로서 활동하다 33년의 짧은 생을 마쳤지만, 한국 여성 의학의 문을 열었으며 참된 의술을 실천함으로써 한국 의료사, 여성사, 기독교사에 커다란 발자취를 남겼다. 또한 에스더의 삶은 단지 한 개인의

---

* 「박부인 츄도회」, 『대한매일신보』, 1910년 5월 24일.
** 셔우드 홀, 앞의 책, p. 240.

성공담이 아니라 한말 한 여성이 자신의 제한된 환경을 극복하고 전문인으로 거듭나는 모습을 보여줌으로써, 많은 한국의 젊은 여성들에게 영향을 끼쳐 그들이 자신의 삶을 개척하며 나아갈 수 있도록 용기를 주었다.

부록

박에스더 편지

중국 남경에서 루이스 박사에게 보낸 편지

박에스더 연보

박에스더 편지

중국 남경에서 루이스 박사에게 보낸 편지

Chefoo, China, October 4, 1905.

My dear Dr. Lewis:

Yours of July 1 reached me in September. It had been delayed on the way so long that I failed to get it in time to write you anything about my medical work since my graduation. Soon after I received your letter I had to come away from my work for a rest to seacoast. My health has been poor nearly all the summer long, but I kept on with my medical duties until I was compelled to go to bed with fever and every symptom of pleuritis acute which has left my lungs rather delicate, and signs of phthisic evident and marked emaciation and heart complications, so I had not been able to do anything since early July. Chefoo is a summer resort – a beautiful seacoast indeed. I have improved a great deal since coming here – salt air seems to be helpful. I have gained a little in weight. I feel deeply grieved to think that I am victim of such dreaded disease. But the Lord has been good to me; I feel I am going to get well again.

1905년 10월 4일 중국 옌타이 시

친애하는 루이스 박사님,

7월 1일에 보내신 편지가 9월에 도착했습니다. 편지가 너무 늦게 도착해서 제가 졸업한 이후의 의료 활동에 대해 제때 써 보내드릴 수 없었습니다. 박사님의 편지를 받은 지 얼마 되지 않아 일을 잠시 쉬고 바닷가로 휴양을 왔습니다. 거의 여름 내내 건강이 좋지 않았습니다만, 침대에 누워야 할 때까지 의료 활동을 쉬지 않았습니다. 열이 나고, 급성 늑막염 증상이 전부 나타나고, 늑막염 때문에 폐가 조금 약해졌고, 폐결핵 증상이 뚜렷하고, 눈에 띄게 몸이 쇠약해지고, 심장 합병증까지 있어서 7월 초까지는 아무것도 못 하고 있었습니다. 옌타이는 해변이 정말 아름다운 여름 휴양지입니다. 여기 와서 몸이 많이 나았습니다. 소금기 있는 공기가 도움이 되는 것 같습니다. 몸무게도 조금 늘었습니다. 제가 그런 무서운 병에 걸렸다는 사실에 비탄이 깊었습니다. 하지만 하나님께서 저를 도와주셔서 다시 건강해질 것 같은 느낌이 듭니다.

I am exceedingly sorry that your letter was delayed so that an account of my work here will be of no use to you by the time my letter reaches you. However, I hope you have received a favorable letter from Drs. Ingold and McMillan. Dr. McMillan lives in Wonsan and Dr. Ingold (Mrs. Tate) lives in Cheuju. Dr. Ingold married Mr. Tate soon after her return from America. It seems like old times to hear from you. Your letter made me real homesick for dear old W. M. C and all the kind professors. How I used to enjoy the catalogue of W. M. C., which I do not receive any more! I have often wished to be able to drop in to hear some of the lectures. I grow weary sometimes in my work and often longed for a good talk with some of the kind teachers and consult about some of my perplexing cases, but I suppose such luck will never fail to my lot.

Medical practice in Korea is not a lazy one by any means. We doctors here have to work under most difficult surroundings. One cannot possibly imagine the situation. Both of us are as busy as we can be with our patients. We have a full clinic every day, besides our in-patients. I have one assistant in the dispensary and we have two helpers in the hospital, besides our outside man, and the capacity of our hospital is a good deal larger than G. S. H. of our college. We have no trained nurses

박사님의 편지가 너무 늦게 도착해서 제 편지가 박사님께 닿을 때쯤엔 한국에서의 활동에 대한 이야기가 박사님께 아무 소용이 없게 될 것 같아 너무나 유감입니다. 대신 잉골드 박사님과 맥밀런 박사님께 도움 되는 편지를 받으셨기를 바랍니다. 맥밀런 박사님은 원산에 계시고, 잉골드 박사님(테이트 부인)은 제주에 계십니다. 잉골드 박사님은 미국에서 돌아오신 지 얼마 안 되어 테이트 씨와 결혼하셨습니다. 박사님 소식을 들은 지 무척 오래된 것 같습니다. 박사님 편지를 받고 나서 저를 사랑해준 볼티모어 여자의과대학교와 모든 친절한 교수님에 대해 진한 향수를 느꼈습니다. 이제는 받지 못하는 볼티모어 여자의과대학 카탈로그를 그때는 얼마나 즐거이 읽었던지요! 가끔 학교에 들러서 강의를 듣고 싶다고 생각한 적도 많았습니다. 제가 일을 하면서 때때로 지칠 때는 친절한 선생님들과의 대화를 몹시도 원했고, 몇몇 당황스런 의료 상황을 마주하게 될 때는 도움받고 싶다는 마음이 간절했습니다. 하지만 그런 행운은 제 운명에 없겠지요.

한국에서의 의료 활동은 어떤 의미에서든 고됩니다. 저를 비롯한 이곳 의사들은 가장 힘든 환경에서 일해야 합니다. 누군가는 상상하기조차 어려울 상황입니다. 저도 로제타 홀 선생님도 가능한 한 많은 환자를 진료하며 바쁘게 지내고 있습니다. 입원 환자 외에도 외래 환자들로 진료소가 매일 가득 찹니다. 외부 인

to help us in our operations. I prepare all myself, and we two operate as best as we can, and we usually have good results. We may not have all the modern instruments and trained nurses, but we do the work. Dr. Hall does most of the operations with my help. I have never operated alone yet.

We had several very successful vesico-vaginal fistula operations. One young woman had it for six or seven years. Our first operation did not help her as much as we hoped, but the tenth operation cured her completely. Another case of an old woman who had traumatic vesico-vaginal fistula for many years, her entire bladder being diseased, torn and contracted, went home completely cured after a single operation. This old woman, aged 68, had procidentia for many years. Some quack advised her to have it burned out. The result was sloughing of bladder wall and its surrounding tissue. Burning is most common treatment for such ailments by the natives have very odd ideas about drugs. For retained placenta fish scale is tied on the sole of the patient and caster oil plant is placed near her head.

력 외에 의무실에 조수 한 명이 있고 병원에 도우미 두 명이 있습니다만, 우리 병원이 수용하는 환자 수는 볼티모어 여자의과대학교의 굿사마리탄 병원보다 훨씬 많습니다. 훈련받은 간호사가 없어 수술할 때 보조도 받지 못합니다. 수술 준비는 제가 전부 혼자 하고, 저와 홀 선생님이 가능한 한 최선을 다해 수술을 합니다. 결과는 좋은 편입니다. 현대 장비나 훈련받은 간호사는 없지만, 할 일은 해내고 있습니다. 홀 선생님이 거의 모든 수술을 하시고 제가 돕습니다. 아직 저 혼자 수술한 적은 없습니다.

방광질루 수술을 몇 번 성공적으로 끝냈습니다. 어떤 여성 환자는 6~7년 동안 방광질루 질환이 있었습니다. 첫 수술은 기대만큼 환자에게 도움이 되지 못했지만, 열 번 수술한 후 완치할 수 있었습니다. 오랫동안 외상성 방광질루가 있었던 나이 든 여성 환자의 사례에서는 방광이 전부 감염되어 찢어지고 수축했습니다만, 한 번의 수술만으로 완치되어 집에 돌아갔습니다. 어떤 68세 여성 환자는 오랫동안 자궁탈이 있었습니다. 어떤 돌팔이 의사가 자궁을 불로 지지라고 조언했고, 그 결과 방광벽과 주위 조직에 딱지가 형성되어 있었습니다. 한국 사람들은 이런 질환의 경우 불로 지지는 방법을 자주 쓰고, 매우 이상한 약을 사용하기도 합니다. 후산정체의 경우 환자의 발바닥에 생선 비늘을 묶고 머리 근처에 피마자를 둡니다.

I have been called to case once where they fed a child with bedbug cooked in oil to cure convulsions. We have to work against these ignorant ideas. It is very trying on our nerves. Never heard of dieting the patient in Korea. Child who has severe hemorrhage from the bowels, if child wanted it, mother gives raw chestnut and corn, candy and everything happens to wish, so you can readily see how hard it is to practice among them.

I could give you many such cases, but my letter has grown quite lengthy, so I shall close for this time. I wonder whether you will be able to read my poor English? Since coming home my English is getting poorer each year, for I use more Korean than former.

I hope you will pardon me for taxing your courtesy in reading such tedious scribble.

I remain as ever your sincere pupil,

Esther K. Pak,
Pyeung Yang, Korea

발작이 있는 아이를 치료하려 기름에 볶은 빈대를 먹인 사례를 한 번 이상 보았습니다. 우리는 이러한 무지한 생각들에 맞서 싸워야 합니다. 정신적으로 매우 힘든 일들입니다. 환자에게 식이요법을 쓴다는 얘기는 한국에서 들어보지도 못했습니다. 이이가 장에 심한 출혈이 있는데도 엄마는 생밤이나 옥수수, 사탕 등 아이가 먹고 싶어 하면 무엇이든 줍니다. 이들을 상대로 의료 활동을 하는 것이 얼마나 힘든지 바로 알 수 있으시리라 생각합니다.

말씀드릴 다른 사례도 더 많습니다만, 제 편지가 많이 길어진 것 같아 이번에는 여기서 줄이려 합니다. 제 서툰 영문을 잘 읽으실 수 있을지 모르겠습니다. 고향에 돌아온 이후 한국어를 더 많이 써서 매년 영어가 서툴러지고 있습니다.

장황한 이야기를 써 보내는 것을 부디 이해해주시기 바랍니다.

인제나 박사님의 성실한 학생인,

에스터 K. 박

한국 평양

박에스더 연보

날짜	연령	주요 사건
1877. 3. 16.	1	광산김씨 김홍택과 연안이씨의 4녀 중 셋째 딸로 출생
1886. 11.	10	이화학당의 네 번째 학생으로 입학
1888. 여름	12	장마철 노아의 방주를 생각하며 회심 사건 경험, 기도회 시작
1890. 10. 24.	14	보구여관에서 여성 의료 선교사 로제타 셔우드의 통역과 의료 보조 시작
1891. 1.	15	로제타 셔우드에게 의학 관련 수업을 받기 시작
1891. 1. 25.	15	올링거 목사로부터 '에스더'라는 세례명으로 세례받음
1893. 5. 24.	17	박여선과 결혼
1894. 5. 8.	18	홀 부부의 선교 사역을 돕기 위해 남편과 함께 평양에 도착
1894. 9.	18	첫 아기를 출산했으나 곧 사망
1894. 12. 7.	18	윌리엄 홀의 사망 이후 남편과 함께 로제타 홀의 가족을 따라 미국으로 출발
1895. 2. 1.	19	뉴욕 리버티 공립학교 입학
1895. 10. 1.	19	뉴욕 유아병원에 취직
1896.	20	둘째 아기를 조산하고 아기는 곧 사망
1896. 10. 1.	20	볼티모어 여자의과대학 입학
1900. 4. 28.	24	남편 박여선이 폐결핵으로 사망
1900. 6.	24	볼티모어 여자의과대학 졸업

날짜	연령	주요 사건
1900. 10.	24	미국 북감리교 여성해외선교회가 파견하는 의료 선교사로 임명되어 한국으로 귀국, 평양 광혜여원의 보조 의사로 부임
1901. 6.	25	보구여관 의사로 부임
1903. 3.	27	평양 광혜여원 보조 의사로 재부임
1909. 4. 28.	33	초대 여자외국유학생 환영회에 윤정원, 하란사와 함께 초대 받음
1910. 4. 13.	34	폐결핵으로 사망

한국 의학의 빛이 된 최초의 여의사

박에스더

펴낸날_ 1판 1쇄 2018년 12월 14일
2쇄 2019년 6월 5일
지은이_ 이방원 | 기획_ 이화역사관
펴낸이_ 김헌민 | 펴낸곳_ 이화여자대학교출판문화원
주소_ 서울시 서대문구 이화여대길 52 (우03760)
등록_ 1954년 7월 6일 제9-61호
전화_ 02) 3277-2965(편집), 02) 362-6076(마케팅)
팩스_ 02) 312-4312
전자우편_ press@ewha.ac.kr | 홈페이지_ www.ewhapress.com
책임편집_ 이지예 | 찍은곳_ (주)현문자현

ISBN 979-11-5890-296-4 03990
값 18,000원

이 도서의 국립중앙도서관 출판예정도서목록(CIP)은 서지정보유통지원시스템 홈페이지(http://seoji.nl.go.kr)와 국가자료공동목록시스템(http://www.nl.go.kr/kolisnet)에서 이용하실 수 있습니다. (CIP제어번호: CIP2018039417)